高速公路改扩建工程地质勘察技术手册
——广韶高速公路改扩建实践

广东省路桥建设发展有限公司广韶分公司改扩建项目管理处　组织编写

人民交通出版社

北京

内 容 提 要

本手册紧密结合高速公路改扩建工程地质勘察面临的既有勘察资料如何利用、勘察重难点及勘察如何布设等技术难题,采用资料收集、座谈研讨和问卷调查相结合的方法,在参考《公路工程地质勘察规范》(JTG C20—2011)等标准的基础上,总结了国内及广东省高速公路改扩建工程地质勘察技术和实践经验。

本手册主要由总则、术语和符号、基本规定、既有高速公路工程地质资料收集与分析利用、可行性研究阶段勘察、初步勘察、详细勘察、不良地质、特殊性岩土、勘察报告等内容组成。可供高速公路改扩建工程技术人员、高速公路建设相关管理和技术人员参考使用。

图书在版编目(CIP)数据

高速公路改扩建工程地质勘察技术手册:广韶高速公路改扩建实践/广东省路桥建设发展有限公司广韶分公司改扩建项目管理处组织编写. — 北京:人民交通出版社股份有限公司, 2024.9. — ISBN 978-7-114-19748-2

Ⅰ.U412.22-62

中国国家版本馆 CIP 数据核字第 2024FN5588 号

Gaosu Gonglu Gai-Kuojian Gongcheng Dizhi Kancha Jishu Shouce——Guang-Shao Gaosu Gonglu Gai-Kuojian Shijian

书　　名	高速公路改扩建工程地质勘察技术手册——广韶高速公路改扩建实践
著　作　者	广东省路桥建设发展有限公司广韶分公司改扩建项目管理处
责任编辑	李　沛
责任校对	赵媛媛　龙　雪
责任印制	刘高彤
出版发行	人民交通出版社
地　　址	(100011)北京市朝阳区安定门外外馆斜街3号
网　　址	http://www.ccpcl.com.cn
销售电话	(010)59757973
总 经 销	人民交通出版社发行部
经　　销	各地新华书店
印　　刷	北京市密东印刷有限公司
开　　本	880×1230　1/16
印　　张	4.25
字　　数	89千
版　　次	2024年9月　第1版
印　　次	2024年9月　第1次印刷
书　　号	ISBN 978-7-114-19748-2
定　　价	60.00元

(有印刷、装订质量问题的图书,由本社负责调换)

《高速公路改扩建工程地质勘察技术手册
——广韶高速公路改扩建实践》

审定委员会

主任委员：王春生　陈新华

委　　员：黄　觉　廖鑫胜　吕大伟　崔宏涛　钟　敏　李　勇
　　　　　　王玉文　梁辉如　张　坚　梁　勇　李　键　薛连旭

编　委　会

主　　编：王振龙　吴银亮　何湘峰

副 主 编：张金平　邱自萍　陈　玲　王　欢　王　静

编写人员：危春根　黄飞新　张林妮　刘　欢　林健安　李　培
　　　　　　周秋明　陈安海　李　串　龚　鑫　薛育阳　曾　卓
　　　　　　王　领　龙万达　万　奔　查明高　闫海涛　郭昱葵
　　　　　　陈喜峰　张　行　王　猛　陈　晨　李琴琴　严俊峰
　　　　　　何伟兵

前　　言

随着国民经济的快速发展,20世纪90年代我国高速公路建设进入蓬勃发展时期。进入21世纪,我国高速公路建设稳步发展,截至2018年12月28日,我国高速公路总里程已达14万km,位居全球第一;截至2023年底,全国公路总里程543.68万km,其中高速公路里程18.36万km。近年来,随着交通量日益增长,迫切需要对部分既有高速公路进行改扩建,以提高道路通行能力,缓解现有交通压力,满足地区经济发展需求。因此,高速公路改扩建工程已经成为我国高速公路建设工程中的热点问题。

目前,高速公路改扩建勘察工作主要依据《公路工程地质勘察规范》(JTG C20—2011)有关改扩建公路工程地质勘察的基本要求开展,该规范在改扩建勘察具体实施上指导性不强,特别是在改扩建勘察工作量布设上不明确,使得一些高速公路改扩建工程中出现既有高速公路地质资料未充分利用;或有的改扩建工程照搬既有高速公路勘察资料,导致出现高速公路改扩建工程地质问题尚未完全查明的情况。另外,国内目前尚没有高速公路改扩建工程勘察方面专门的技术标准。因此,有必要总结以往国内高速公路改扩建工程地质勘察技术和实践经验,指导后续高速公路改扩建工程勘察顺利实施。

由广东省路桥建设发展有限公司广韶分公司改扩建项目管理处牵头,组织中交第二公路勘察设计研究院有限公司、广东交通职业技术学院等单位组成编制组,经过广泛调查研究,总结以往高速公路改扩建工程的勘察实践经验与教训,针对高速公路改扩建工程的特点,编写了《高速公路改扩建工程地质勘察技术手册——广韶高速公路改扩建实践》,系统回答了高速公路改扩建工程勘察中如何分析、利用已有勘察资料、改扩建工程勘察重难点及勘察工作布置等技术难题,有利于后续高速公路改扩建工作的开展,减少不必要的重复勘察,提升勘察质量,提高工作效率,为高速公路改扩建工程设计提供可靠的地质依据。

本手册以广韶高速公路改扩建项目为依托,在广韶高速公路改扩建勘察实践的基础上编写,得到了广东省路桥建设发展有限公司和广韶高速公路改扩建项目各参建单位的大力支持,其中也包含了他们大量的劳动和心血,编写组深表谢意。

编写组
2024年5月10日

目　次

1 总则 ·· 1
2 术语和符号 ··· 5
　2.1 术语 ··· 5
　2.2 符号 ··· 6
3 基本规定 ··· 7
　3.1 一般规定 ·· 7
　3.2 勘察方法 ··· 10
　3.3 勘察成果 ··· 11
4 既有高速公路工程地质资料收集与分析利用 ······································ 13
　4.1 资料收集 ··· 13
　4.2 资料核查 ··· 14
　4.3 资料分析 ··· 16
　4.4 资料利用 ··· 16
5 可行性研究阶段勘察 ··· 19
　5.1 一般规定 ··· 19
　5.2 预可勘察 ··· 19
　5.3 工可勘察 ··· 19
6 初步勘察 ··· 20
　6.1 一般规定 ··· 20
　6.2 路线及总体方案 ··· 22
　6.3 路基工程 ··· 23
　6.4 桥涵工程 ··· 26
　6.5 隧道工程 ··· 27
　6.6 其他 ··· 29
7 详细勘察 ··· 30
　7.1 一般规定 ··· 30
　7.2 路线及总体方案 ··· 30
　7.3 路基工程 ··· 31
　7.4 桥涵工程 ··· 32
　7.5 隧道工程 ··· 33

7.6 其他	34
8 不良地质	**35**
8.1 一般规定	35
8.2 岩溶	36
8.3 滑坡	40
8.4 采空区	41
9 特殊性岩土	**46**
9.1 一般规定	46
9.2 软土	47
9.3 填土	52
10 勘察报告	**54**
10.1 一般规定	54
10.2 工程地质勘察报告基本格式	55
10.3 各阶段工程地质勘察报告	55
10.4 工程地质图表	57
10.5 成果数字化	58

1 总则

1.0.1 为统一广东省高速公路改扩建工程地质勘察技术要求,确保改扩建工程勘察质量,为设计提供可靠依据,做到技术先进、经济合理,制定本手册。

1.0.2 本手册适用于广东省高速公路改扩建工程地质勘察。

1.0.3 高速公路改扩建工程应在收集既有高速公路地质资料基础上,对既有高速公路地质资料进行分析,形成专题报告,并按基本建设程序开展地质勘察工作。

条文说明

分析既有高速公路地质资料,将勘察成果、施工与病害处理经验等资料整合成专题报告,可以明确改扩建工程勘察工作重难点、减少不必要的重复勘察,更好地指导改扩建工程的勘察,为勘察岩土力学参数取值、勘察成果及设计提供可靠依据,真正发挥出"沉睡"资料的价值。

广韶高速公路改扩建项目收集到京珠国道主干线粤境高速公路施工图设计阶段工程地质勘察报告(共12册,中交第二公路勘察设计研究院,1999年10月)、京珠高速公路粤境韶关段、佛冈段收费站和服务区岩土工程勘察报告(广东有色工程勘察设计院,1999年12月—2001年1月)、京珠高速公路粤境翁城至汤塘段、汤塘至太和段施工阶段桩基超前钻探工程地质勘察报告(广东省华南工程物探技术开发总公司,2000年6月—2000年10月)、京珠高速公路粤境翁城至汤塘段旦架哨隧道施工勘察报告(广东有色工程勘察设计院,2000年6月)等施工图设计阶段和施工期的所有地质报告,并查阅了2008年至2020年运营养护期间的施工台账等养护资料。通过对这些前期成果进行整理,较全面地了解到该项目沿线各岩土层分布情况、基本物理力学指标和工程性质、不良地质和特殊性岩土分布及发育情况、隧道围岩级别和工程性质,了解到沿线桥梁钻孔深度和桩基入岩深度、挖方边坡支护设计及防护效果、软基处理方案及处理效果、岩溶分布范围和发育程度等,以及改扩建项目路线与既有高速公路的关系,将可借鉴和可利用的资料作进一步统计分析,形成专题报告。该专题报告可指导广韶高速公路改扩建项目可行性研究报告的编制,同时,也可指导初步勘察方案的制定,指导初步勘察报告编制和初步设计方案拟定等。

1.0.4 高速公路改扩建工程地质勘察,应结合改扩建工程特点,积极采用新技术、新设备及新工艺。

条文说明

随着技术水平的飞速发展,勘察工作也迈入了"数字化时代",现阶段勘察成果如钻探岩芯照片、原位测试数据、调绘成果表等均可实现数字化,部分勘察工作如原位测试、测量等借助仪器也可实现数字化,钻探工作由于技术水平限制现阶段暂未实现数字化。

广韶高速公路改扩建项目创新性引入"数字勘察系统"(图1-1~图1-6),该系统主要包括勘探任务上传及线上审核,开孔审批,现场钻探作业实时监控,监理现场终孔业主线上审核,地质编录及现场照片上传系统、监理和业主审核等;业主、勘察设计、监理及咨询单位均可在手机App端实时查看项目勘察进展情况,可实时查看所有机组工作状态,可实时查看项目进度统计数据等,实现了项目内外业资料的数字化。本项目勘察以"数字勘察系统"为依托,现场钻探全过程控制,勘察进度、安全和质量等均实现线上数字化管理,项目所有原始数据、原始地层分层描述、测试、试验等数据全部实现数字化,原始数据可实时更新,复核在线修改,并有据可查;勘察主要成果图件可通过"数字勘察系统"直接输出;整个项目全过程的勘察成果均收录于一个数据库文件中,首次实现了公路工程勘察设计成果数字化交付。

图1-1 "数字勘察系统"界面

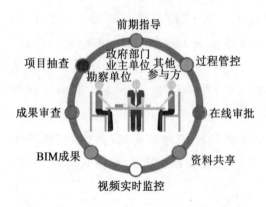

图1-2 "数字勘察系统"管理结构

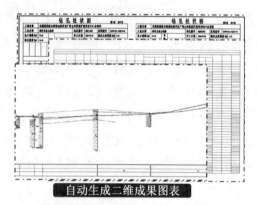

图1-3 "数字勘察系统"自动生成断面图及钻孔柱状图

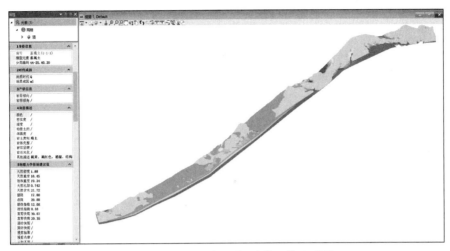

图 1-4 "数字勘察系统"路线三维地质图

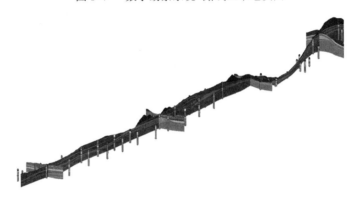

图 1-5 "数字勘察系统"路线纵断面图及重点横断面图

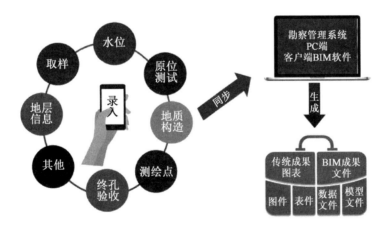

图 1-6 "数字勘察系统"成果管理

1.0.5 高速公路改扩建工程地质勘察除应执行本手册的规定外,尚应符合国家、行业和广东省现行有关标准的规定。

条文说明

本条中的国家、行业和广东省现行有关标准主要指《工程勘察通用规范》(GB 55017—

2021)、《岩土工程勘察规范》(GB 50021—2001)、《建筑地基基础设计规范》(GB 50007—2011)、《建筑抗震设计标准》(GB 50011—2010);《公路工程地质勘察规范》(JTG C20—2011)、《公路勘测规范》(JTG C10—2007)、《高速公路改扩建设计细则》(JTG/T L11—2014)、《公路工程技术标准》(JTG B01—2014)、《公路软土地基路堤设计与施工技术细则》(JTG/T D31-02—2013)、《采空区公路设计与施工技术规范》(JTG/T 3331-03—2024);《公路工程地质勘察报告编制规程》(T/CECS G:H24—2018);内蒙古自治区地方标准《高速公路改扩建工程设计指南》(DB15/T 1488—2018)、广西壮族自治区地方标准《高速公路改扩建路基技术规范》(DB45/T 2561—2022)、广东省地方标准《公路工程软土地基处理技术指南》(DB4404/T 48—2023)、《公路路堤软基处理技术标准》(DB44/T 2418—2023)、《广东省岩溶地区公路桥梁桩基设计与施工技术指南》(GDJTG/T A01—2016)、《建筑地基基础设计规范》(DBJ 15-31—2016)、《岩溶地区建筑地基基础技术规范》(DBJ/T 15-136—2018),以及广东省交通运输厅组织编写的《广东省高速公路勘测勘察管理规程》(2018年)等。

2 术语和符号

2.1 术语

2.1.1 高速公路改扩建 expressway reconstruction and extension

在原高速公路路线走廊带内,利用原有道路资源,通过拓宽、改造,以提高技术等级、通行能力或改善技术指标而进行的工程建设行为,包括高速公路的改建、扩建。

条文说明

高速公路改扩建是指在既有高速公路的基础上,为提高公路技术等级、增加公路容量或改善公路技术指标而进行的工程建设行为,包括公路的"改建""扩建"等多种含义。值得注意的是,"改建"工程主要是指公路技术等级、行车技术指标提升或改变功能的公路建设工程,"扩建"工程大多是指行车技术指标不变,仅对车道数量进行增加或对车道宽度进行拓宽等。

对于改扩建工程,拟改扩建高速公路在既有高速公路两边或单边紧邻布设,涉及路基、路面及桥梁结构的拼接设计与施工,对施工期间的交通通信与交通安全会产生较大影响,且不同的交通组织会影响具体实施方案的确定。对于新建工程,拟建高速公路与既有高速公路临近或完全分离,有一定距离,其勘察设计与既有高速公路无关或影响很小。因此,高速公路改扩建时首先应对改扩建方案进行比选论证。通过对工程规模、建设条件、交通组织、交通安全等技术经济指标进行全面分析比较之后,确定最优方案。

2.1.2 路基(路面)拼接 subgrade(pavement) joint construction

使新旧路基(路面)连接成为整体的工程措施。

2.1.3 拼宽桥梁 widened parts of bridge

桥梁的加宽部分及其衔接部。

2.1.4 增建隧道 added tunnel

原隧道保留利用,同时增加新建的隧道。

2.1.5 扩挖隧道 spread excavated tunnel

对原隧道结构及设施予以拆除,并扩大断面、开挖重建的隧道。

2.2 符号

2.2.1 岩土的物理指标

e——天然孔隙比；
I_L——液性指数；
I_P——塑性指数；
S_r——土的饱和度；
W——天然含水率；
W_L——土的液限；
W_P——土的塑限；
γ——岩土的重力密度（重度）；
ρ——岩土的质量密度（密度）。

2.2.2 岩土的力学指标

a——土的压缩系数；
c——岩土的黏聚力；
E——岩土的变形模量；
$[f_{a0}]$——地基承载力特征值；
q_{ik}——桩侧土的摩阻力标准值；
q_u——无侧限抗压强度；
R_c——岩石单轴饱和抗压强度；
v——岩土的泊松比；
φ——岩土的内摩擦角。

2.2.3 岩土的测试参数

f_s——双桥静力触探侧壁摩阻力；
k_v——岩体完整性系数；
N——标准贯入试验锤击数；
$N_{63.5}$——重型圆锥动力触探锤击数；
N_{120}——超重型圆锥动力触探锤击数；
p_s——静力触探比贯入阻力；
q_c——双桥静力触探锥尖阻力。

3 基本规定

3.1 一般规定

3.1.1 高速公路改扩建工程地质勘察阶段划分应符合下列要求：

1 一般情况下宜划分为预可行性研究阶段工程地质勘察（简称"预可勘察"）、工程可行性研究阶段工程地质勘察（简称"工可勘察"）、初步设计阶段工程地质勘察（简称"初步勘察"）、施工图设计阶段工程地质勘察（简称"详细勘察"）四个阶段。

2 地质条件简单、方案明确的改扩建工程地质勘察可简化勘察阶段，宜按一次定测开展工程地质勘察工作。

3 地质条件复杂或设计难度大和设计技术要求高的段落或工点，可按初步勘察与详细勘察两阶段进行。

条文说明

2 原位扩建路段若能充分利用既有高速公路的地质资料，合并初步勘察和详细勘察阶段可有效利用资源，节省工程投资，加快勘察设计进度，能提质增效且节能环保，符合现阶段勘察工作"创新、协调、绿色、开放、共享"的高质量发展理念，有利于后续改扩建勘察工作的开展，提升勘察质量，提高工作效率，为设计提供更加可靠的地质依据。

3 广韶高速公路改扩建项目中，主线路基、桥梁地质条件复杂程度中等、设计技术难度中等；隧道工程和互通枢纽工程技术难度大、设计难度也大，初步设计阶段较难直接确定最终设计方案，施工阶段方案变化可能性也较大。因此，主线路基、桥梁可采用一次定测进行工程地质勘察，而隧道工程和互通枢纽工程的改扩建勘察则采用初步勘察和详细勘察两阶段进行工程地质勘察，为设计方案的确定提供可靠的地质资料。

3.1.2 勘察范围、内容和工作量应与勘察阶段相适应，勘察成果应满足相应设计阶段的要求。

3.1.3 结合既有高速公路勘察设计、施工、运营养护等资料，按表3.1.3将高速公路改扩建项目的工程地质条件划分为复杂、较复杂、简单三类。

表 3.1.3 工程地质条件复杂程度划分

工程地质条件复杂程度	划分依据
复杂	①地形地貌复杂,改扩建存在多方案比选; ②岩土种类多,性质变化大,基岩面起伏变化剧烈; ③特殊性岩土和不良地质强烈发育; ④地下水对工程有显著影响,水文地质条件复杂; ⑤既有高速公路施工或运营过程中曾发生重大地质问题
较复杂	①地形地貌较复杂,改扩建推荐方案较为明确; ②岩土种类较多,性质变化较大,基岩面起伏变化较大; ③特殊性岩土和不良地质较发育; ④地下水对工程有影响,水文地质条件较复杂; ⑤既有高速公路施工或运营过程中曾发生地质问题,但影响不大
简单	①地形地貌简单,改扩建推荐方案明确; ②岩土种类单一,性质变化不大,基岩面平缓; ③特殊性岩土和不良地质不发育; ④地下水对工程无影响,水文地质条件简单; ⑤既有高速公路施工或运营过程中未发生地质问题

注:1. 各复杂程度的 5 项划分依据中,有一项符合即判定为相应工程地质条件复杂程度。
2. 符合上述两个及以上条件者,宜按最不利条件确定工程地质条件复杂程度。

条文说明

高速公路改扩建项目工程地质条件复杂程度需要结合地形地貌、地层岩性、不良地质及特殊性岩土、水文地质条件,以及既有高速公路病害、工程方案、构筑物类型(重要性)等综合判定,通过对既有高速公路资料的搜集和分析,从以下几个方面就可以帮助快速判定:

(1)既有高速公路段落软土发育,可根据厚度或分布范围的比例划分。

(2)既有高速公路段落处在滑坡、岩溶等不良地质的发育范围内,可根据不良地质的活动性与发育程度划分。

(3)既有高速公路施工或运营过程中曾发生地质灾害或病害的,可根据严重程度划分,如路堑高边坡发生了滑坡、隧道施工过程中曾发生大规模突水涌泥等。

广韶高速公路改扩建项目路线全长约71km,跨越了侵蚀丘陵、丘间平原等两个地貌单元,地形高差约50~170m,地形地貌较复杂。路线范围内自上而下地层主要为第四系全新统冲洪积(Q_4^{al+pl})淤泥质土、粉质黏土、砂类土、圆砾土、卵石土和第四系全新统残坡积(Q_4^{el+dl})粉质黏土及砂质黏性土;基岩有泥盆系上统帽子峰组(D_3m)砂砾岩、砂岩和粉砂质泥岩、泥质粉砂岩、砂岩;石炭系下统大塘阶测水组(C_1dc)石英砂岩、砂岩、页岩;泥质砂岩、石英细砂岩、灰岩、炭质页岩、煤层等。其次,为燕山期侵入(γ_5^2)粗粒花岗岩。路线沿线岩土种类多,基岩面起伏变化较大,沿线冲沟谷地等低洼地段软土普遍较发育,软土路段累计长度约23.8km,属较复杂项目。按照《公路工程地质勘察规范》(JTG

C20—2011)第3.1.3条的规定,广韶高速公路改扩建项目全线均属较复杂。

3.1.4 改扩建高速公路新建部分按现行《公路工程地质勘察规范》(JTG C20)的要求开展勘察工作。

3.1.5 改扩建高速公路改建、扩建部分除满足现行《公路工程地质勘察规范》(JTG C20)的要求外,还应满足本手册有关要求。

3.1.6 对地质条件复杂或设计难度大和技术要求高的段落或工点,应进行专项研究。

条文说明

针对改扩建高速公路勘察的特点,根据对既有高速公路地质资料的分析,对高速公路改扩建工程勘察难点、不良地质及特殊岩土等段落或工点开展专题研究工作,举例如下:

(1)软土地段路基易发生不均匀沉降,拼宽路基设计需要考虑沉降历史,并提出减小沉降与新旧高速公路路基拼接的设计方案及工程处理措施。

(2)稳定性较差、施工或运营过程中发生过垮塌且已采取工程措施的既有高速公路高边坡,改扩建勘察时需要考虑改扩建施工扰动对既有高速公路边坡稳定性的影响,并提出减小改扩建施工对既有高速公路高边坡稳定性影响的工程措施。

(3)桥梁若采用摩擦桩基础穿过厚度较大的软土层,桥梁顶升或拼宽应提出考虑减少沉降或偏移的工程措施。

(4)若既有高速公路隧道施工过程中曾出现大变形、垮塌、突水涌泥等工程灾害,则当改扩建采用扩挖隧道时,应提出避免以上工程灾害的设计措施和施工对策。

(5)其他对工程建设有重要影响的地质问题。

3.1.7 构筑物类型划分为路基工程、桥梁工程、隧道工程及其他工程,路基工程主要包括一般路基、高路堤、陡坡路堤、深路堑、边坡支挡工程,桥梁工程主要包括桥梁、涵洞,其他工程主要包括岸坡工程、沿线设施工程等。

3.1.8 勘察工作应结合改扩建路线工程地质条件、构筑物类型、既有高速公路建设和养护情况,以及不同勘察手段的适用性等,综合确定改扩建工程勘察方法,根据构造物及改扩建方案确定勘察工作量。

条文说明

勘察方法主要包括工程地质调绘、物探、钻探、取样与试验、原位测试等,在充分收集、核查、利用已有资料的基础上,统筹考虑选择合适的勘察方法,将取得的勘察资料与收集的资料进行相互验证和补充,完善勘察成果,提供优质的勘察成果。

在广韶高速公路改扩建项目开展过程中,一般路基及填方路基段,初步勘察主要借鉴前期勘察资料进行分析和评价,并有针对性地选择了10%～15%的路段进行验证;在详细勘察阶段,针对软弱土路段补充勘察工作量进行了核查。在花岗岩地区,既有高速公路修建改变了路线两侧的水文地质条件,软弱土(特别是过湿土)分布的范围与既有高速公路勘察时期有所改变,在改扩建项目勘察时应引起重视。挖方边坡施工期补充勘察和运营养护资料,以及既有边坡稳定性和病害治理等资料,给本次改扩建初步勘察和详细勘察提供了很好的示范和工程经验,较好地指导了本项目勘察设计和改扩建施工,但挖方边坡暴露于地表的岩体经20多年的风化作用,该岩质边坡的风化界线较原有边坡已发生了明显的变化,既有高速公路挖方边坡的勘察成果不能直接利用,只能参考使用。改扩建项目桥梁工程可根据钻孔距既有高速公路构造物的远近来确定是否可以利用、参考利用或参考,若桥址区场地中下部的地层分布变化很小,既有高速公路桥梁钻孔资料经必要验证后可直接利用或参考利用。既有高速公路隧道前期勘察成果,特别是施工期间的成果,可作为改扩建项目两侧新建隧道参考使用。同时,既有高速公路隧道施工期勘察和施工成果可以较好地验证新建隧道的物探成果。

3.1.9 改扩建高速公路勘察应重视勘察工作的质量、进度、安全与环境保护,制定勘察作业安全保障措施,建立健全质量保证体系和HSE管理体系。

条文说明

　　HSE是健康(Health)、安全(Safety)、环境(Environment)的英文缩略语,HSE管理体系指的是健康(Health)、安全(Safety)和环境(Environment)三位一体的管理体系,是一种通过事前识别与评价,确定在活动中可能存在的危害及后果的严重性,并采取有效的防范手段、控制措施和应急预案来防止事故的发生或把风险降到最低程度,以减少人员伤害、财产损失和环境污染的有效管理体系。HSE管理体系的核心是责任制。

3.1.10 勘察成果宜做到数字化,勘察过程可采用数字化。原始记录包括纸质和电子影像等资料,应内容完整、数据翔实、签署齐全,并应具备可追溯性。

条文说明

　　目前,勘察全过程数字化尚有困难,但部分勘察工作的数字化已经可以实现,如采用高分辨率卫星遥感技术和数字摄影测量实现测量数字化,静力触探仪、旁压仪、电法仪等仪器也可以实现测试数字化。随着技术的发展,数字化在勘察工作中的优势也将进一步凸显,提高数字化水平也将促进公路建设工程的高质量发展。

3.2 勘察方法

3.2.1 在开展勘察工作前,应编制勘察大纲。勘察大纲除满足《公路工程地质勘察规范》(JTG C20—2011)第3.4节的规定外,还应包括以下内容:

1 应根据既有高速公路勘察设计、施工、运营、养护过程中相关地质资料确定勘察重点、难点,明确勘察方案。

2 应根据改扩建方案和既有高速公路地质资料确定勘察工作量。

3.2.2 勘察方法包括工程地质调绘、物探、钻探、挖探、简易勘探、原位测试、室内试验等;勘察方法的选用应与改扩建项目勘察设计要求相适应,并符合下列要求:

1 工程地质调绘:工程地质调绘应在充分收集、分析勘察区既有高速公路地质资料的基础上,采用地质遥感解译和地面调绘。地质遥感解译适用于工可勘察及初步勘察,地面调绘适用于工程地质勘察的各个阶段;工程地质调绘应满足《公路工程地质勘察规范》(JTG C20—2011)第3.5节的要求。

2 物探:采用的物探方法应与勘探目的相匹配,对特殊结构桥梁、长大深埋隧道、地质条件复杂深挖路堑及构造发育或地质条件复杂的构造破碎带、岩溶区、采空区等,应布置物探测线,结合钻探揭露情况,综合分析查明地下岩土体的空间展布范围(大小、形状、埋深等)及相关岩土层的总体分布特征;物探应满足《公路工程地质勘察规范》(JTG C20—2011)第3.6节的要求。

3 钻探:在充分利用既有高速公路钻孔资料的前提下,新建路段勘探点应尽量沿路线中线布设,改扩建路段主要沿改扩建范围布设,两侧拼宽时应按左、右幅分开考虑,勘探点采用"之"字形交叉布置。钻探应提供现场原始记录、钻孔柱状图和照片等,配合工程地质调绘,结合标准贯入、动力触探等原位测试,查明路基、桥梁、隧道区的工程地质、水文地质条件,提出工程地质评价和处理意见;钻探应满足《公路工程地质勘察规范》(JTG C20—2011)第3.6节的要求。

4 挖探及简易勘探:作为钻探的补充,根据现场地形地质条件和勘探目的确定工作方法,适用于工程地质勘察的各个阶段;挖探和简易勘探应满足《公路工程地质勘察规范》(JTG C20—2011)第3.6节的要求。

5 原位测试及室内试验:测试方法应根据岩土条件、设计对参数的要求、地区经验和测试方法的适用性等因素选用,结合地区经验及已有资料,在综合分析的基础上提供岩土参数;原位测试及室内试验应满足《公路工程地质勘察规范》(JTG C20—2011)第3.7节及第3.8节的要求。

3.2.3 对工程地质、水文地质、环境地质等特殊地质问题,应在初步勘察阶段提出专题研究,尚未查明的工程地质条件应在详细勘察阶段进行补充和完善。

3.3 勘察成果

3.3.1 高速公路改扩建工程地质勘察报告应充分利用勘察取得的各项地质资料和收集的既有高速公路各项地质资料,在综合分析的基础上进行编制,提交的成果主要包括既有高速公路各项地质资料的专项报告,在此基础上编制工程地质勘察总说明、工点工程地质勘察报告,总说明、报告均应由文字报告、图表及相关附件组成。

条文说明

在既有高速公路各项地质资料专项报告的基础上,根据本次改扩建勘察特点,对采用针对性勘察方法取得的各项地质资料,进行勘察成果编制,提交工程地质勘察总说明,工点工程地质勘察报告则是对总说明的详细补充说明。

3.3.2 各项勘察成果应做到真实、准确,互相补充验证,在综合分析的基础上,为改扩建设计提供合理的岩土物理力学性质及其设计参数评价、工程地质结论与建议。

4 既有高速公路工程地质资料收集与分析利用

4.1 资料收集

4.1.1 高速公路改扩建勘察开展前,应充分收集既有高速公路勘察设计、施工、养护、监测和专题研究等相关地质资料。

4.1.2 收集的地质资料宜包括下列内容:
1 既有高速公路详细勘察阶段工程地质勘察报告,与路线相关的不良地质、特殊性岩土等资料,以及与路线相关的重大工程地质问题相关专题研究报告。
2 既有高速公路施工图路基、桥梁、隧道及其他设计文件,以及设计变更中的地质依据资料。
3 既有高速公路竣工资料中施工过程地质记录资料。
4 既有高速公路运维阶段路堤、路堑、桥梁、隧道等病害处治相关地质资料。
5 既有高速公路路基、地基基础等监测资料。

条文说明

对于高速公路改扩建工程,除了要按新建工程进行相关调查外,还需最大限度地利用既有高速公路地质资料、地基基础、路堑边坡、隧道等工程建设实践经验及运维病害处治和监测等资料,作为既有高速公路改扩建土建工程部分的先行原位试验,为高速公路同位改扩建工程勘察设计方案确定提供可靠依据。

(1)既有高速公路勘察设计资料收集及筛选

收集既有高速公路地质调查、平剖面、钻探、试验等原始资料及文字报告等勘察设计成果资料。对于隧道工程,重点收集原隧道勘察资料(包括地质调查、钻探、物探及水文试验等)。

(2)既有高速公路施工资料收集

收集既有高速公路既有桥梁基础开挖施工过程中的地质描述、施工监测资料、运营期基础沉降及变形监测资料,为指导桥梁改扩建勘察工作提供依据。对于隧道工程,收集既有高速公路隧道施工过程中地质描述、超前地质预报、施工监测等资料,原有超前地质预报和施工监测等资料直接验证了原隧道围岩分级、涌水量预测等勘察资料的准确性,这些施工资料有利于指导高速公路改扩建隧道工程的钻探、物探及水文试验等勘察工作布置,以及隧道围岩分级和隧道涌水量预测等。

（3）既有高速公路运营资料收集

收集既有高速公路路基工程沉降观测及病害处治等资料，分析一般路基工程地质条件，确定不良地质和特殊性岩土类型及其分布范围、工程特性、地基加固处理形式等，为后续路基工程勘察方法选取和勘察布置提供依据。

4.2 资料核查

4.2.1 根据已收集的资料，采用现场调查对既有高速公路的技术状况、运营现状中病害问题进行核查。

4.2.2 对既有高速公路沿线勘察设计、施工、运维阶段查明的不良地质和特殊性岩土的类型、分布范围等情况进行核查，对运维阶段既有高速公路地基基础、边坡坡体、隧道围岩等病害情况进行调查。

条文说明

既有高速公路施工、运营后，地形地貌已发生较大改变，不良地质与特殊性岩土段已采取工程措施消除影响或还存在少许影响，这些既有高速公路段落的运营现状是改扩建工程必须重视的，运营现状可以反映以往的勘察设计的合理性和有效性，可为改扩建工程的勘察设计提供支撑和示范。因此，为更好地利用既有高速公路收集的资料，核查收集到的各阶段地质资料是确保既有高速公路资料可靠性和准确性的必要环节。

4.2.3 对既有高速公路路基工程进行核查，应满足下列要求：

1 高路堤核查主要包括下列内容：

1）根据填土高度对既有高速公路路堤进行分段，查阅路堤基底的地质资料，调查路堤沉陷、开裂等病害情况。

2）核查原有路基、支挡工程的地基情况、基础形式和使用状况。

2 深路堑的核查宜包括下列内容：

1）核查坡高、级数、坡形坡率、防护措施等参数，并了解其与设计文件中的差异情况。

2）调查坡体变形情况及既有高速公路路堑边坡变形、滑塌等病害分布范围、规模、成因，以及原有路堑边坡病害治理资料等。

条文说明

工程经验表明，软基上高速公路拓宽工程很难避免对既有高速公路路面造成开裂，调查既有高速公路路基是否有过大的变形和开裂，分析病害产生的地质原因，将有助于既有高速公路改扩建设计时工程措施的提出。

路基一旦产生较大变形，往往反映在路面层的沉降开裂、护栏的沉降错落、路堤边坡的开裂变形,严重时造成支挡工程的开裂与不均匀沉降等,这些均是既有高速公路路堤调查的重点。

在调查评价的过程中,若需要时可采取针对性的勘察、试验、检测等手段,查明高速公路路堤变形的原因。软土地区既有高速公路路基工后沉降调查,一般可采用水准测量方法,对既有高速公路的路基高程进行测量,对比竣工时既有高速公路路基的高程,并考虑路面加铺等因素,复核软土地区既有高速公路路基的高程变化。

根据运营期间深路堑边坡的变形和病害情况,可以反馈以往深路堑边坡设计的合理性和有效性,可利用工程类比法,为改扩建工程深路堑边坡稳定性评价、设计参数取值以及防护设计提供重要的示范作用。

4.2.4 既有高速公路桥涵工程的核查,应包括下列内容:

1 调查涵洞基础形式及与墙身错台、底板变形开裂等病害状况,核查既有涵洞的基底地质条件。

2 收集桥台锥坡的地基条件和使用状况,调查锥坡的开裂、坍塌,以及台后路基的沉降变形等病害状况。

4.2.5 既有高速公路隧道工程的核查,应满足下列要求:

1 应核查隧道各区段的围岩地质资料,核查隧道施工、设计变更及涌水量等资料。

2 应调查运维阶段隧道衬砌剥落、掉块、衬砌裂缝、背后空洞等病害情况。

条文说明

重点核查隧道施工期间的围岩设计变更情况,可以获得隧道最准确的围岩级别信息,作为改扩建隧道围岩级别划分的重要依据。

4.2.6 既有高速公路其他构筑物的核查,应包括下列内容:

1 互通立交的路基按本手册第4.2.4条执行,桥梁按本手册第4.2.5条执行。

2 核查既有高速公路沿线服务区、收费站房、管理机构中心等沿线设施建筑场地的地基地质资料。

3 核查既有高速公路筑路材料及取(弃)土场的位置、储量及试验检测报告等资料。

4.2.7 核查过程中对新发现的地质问题,尚无相关资料的,应进行补充。

4.2.8 核查成果可通过表格记录,表格格式参考表4.2.8。

表4.2.8 既有高速公路核查记录表

编号	段落	工点类型	工程地质条件变化	病害发育情况	现状稳定性	其他

4.3 资料分析

4.3.1 勘察工作开展前,应根据既有高速公路收集到的地质资料、现场核查成果,对既有高速公路线路及各工点构造物的工程地质条件进行分析,梳理既有高速公路改扩建项目勘察设计的重难点,如不良地质、特殊性岩土等,并编制既有高速公路已有地质资料的专项报告。

4.3.2 对工程地质条件变化较大、出现过重大地质问题的构筑物以及新发现的不良地质及特殊性岩土等段落,应作为改扩建工程勘察设计的重点。

条文说明
　　对收集的既有高速公路的勘察成果总结、设计处治方案、施工经验和运维病害等资料进行综合分析,可作为改扩建工程先行原位试验,为改扩建勘察工作的开展、各岩土参数的取值、勘察结论提供依据。
　　既有高速公路已有地质资料的专项报告,宜在改扩建勘察前完成,为勘察设计提供基础地质资料,真正起到地质选线、方案比选、指导设计的作用,也能作为后续勘察的指导性文件。

4.3.3 既有高速公路已有地质资料的专项报告应包括前言、既有资料收集情况、自然地理概况、路线工程地质条件、总体工程地质分析评价、主要工点的工程地质条件、既有高速公路设计和施工情况、运营维护情况、施工变更处治和病害处治经验、监测成果、改扩建方案工程地质初步比选结论与建议、图表及附件等。

4.4 资料利用

4.4.1 对收集的既有高速公路的地质资料,应进行分析和核查后形成既有高速公路地质资料专项报告。

条文说明
　　专项报告将既有高速公路勘察设计阶段与施工阶段揭示的地质资料进行对比分析,来评估既有高速公路资料的可靠性,利用营运阶段的实际状况和病害情况,来反映勘察设计阶段各岩土参数的准确性和设计方案的合理性,对改扩建勘察和设计工作具有重要指导意义。

4.4.2 对既有高速公路的地质钻孔,利用前应进行现场调查、抽查验证、综合分析,并按现行标准进行修订后加以利用,并符合下列要求:

1 既有地质钻孔,需满足"孔位及高程确定、深度满足要求"的条件后方可利用。

2 利用前应进行抽查验证,抽查验证的比例宜根据当地经验确定,若勘察实施阶段新、旧钻孔地质情况有较大出入,则应加大验证工作。

3 无当地经验时,抽查验证的比例宜不低于利用孔总数的10%。

4 对于存在以下问题的旧路钻孔,建议仅作参考使用:

1)没有钻孔坐标或准确的坐标转换参数,位置定位困难;

2)采用的旧标准(如岩土命名、指标等)与现在存在较大差异;

3)钻孔深度偏浅,无法达到相应新构造物设计要求;

4)偏离现设构造物超过30m。

条文说明

(1)对既有高速公路收集资料的分析和利用,可以有效节省勘察周期,节省勘察成本,提高勘察水平。因此,在编制勘察大纲、勘察方法的选择、钻探深度、既有不良地质处治方式与效果等方面均可提供指导和重要示范。

(2)既有高速公路往往通车多年,原高速公路勘察设计、施工时所采用的技术标准与现行的标准往往会有不同,包括勘察规范、土工试验规范、路基设计规范、桥梁设计规范、隧道设计规范等,在勘察工作布置、钻孔深度、取样、土工试验等方面都存在差异。因此,在对既有高速公路资料进行利用时需要做出差异比较,以合理利用既有资料。

(3)对既有高速公路资料的利用,应根据既有资料的可靠性、准确性和适宜性来综合确定,将利用情况分为三类:利用、参考利用、不利用。

"不利用"指的是所收集资料可靠性、准确性和适宜性较差,仅用于了解场区整体的地质概况、地层岩性、地质构造、水文地质等工程地质条件及存在的工程地质问题,一般可用于工可阶段及初步设计阶段勘察。

"参考利用"指的是所收集资料可靠性、准确性和适宜性一般,部分资料可作为项目沿线及各类构筑物建设场地工程地质条件的基础资料,该部分可用于指导施工图设计;部分资料仅可作为场地地质条件的参考,可用于初步判断场区的工程地质条件及存在的工程地质问题。

"利用"指的是所收集资料可靠性、准确性和适宜性均较高,可作为各类构筑物施工图设计的基础资料。

(4)对于既有资料的可靠性,要对既有资料的完备性、逻辑性以及既有高速公路运营现状等方面进行充分的分析论证,综合确定既有资料的可靠性。当勘察单位在既有高速公路勘察资料中出现较多差、错、漏,或既有高速公路屡次发生病害等情况时,则既有资料仅可供参考。

各参建单位对勘察的评价可作为重要参考因素,尤其是施工单位对勘察报告的评价,因为施工时揭示的地质与勘察报告的吻合情况,与既有资料的可靠性直接相关。

(5)对于既有资料的准确性,既有资料勘探点在参考利用前应进行平面坐标系统及高程系统的转换,转换后,若平面位置及地形高程差异较大,则仅可供参考。有条件时,宜布置勘探孔验证既有资料的准确性,可预钻少量钻孔进行验证,差异较大的既有勘察成果资料仅可供参考。

(6)对于既有资料的适宜性,宜根据既有资料中勘探孔的深度、与路线的距离及改扩建公路构筑物的基础类型等综合确定:

①既有资料中勘探孔的深度不能满足改扩建构筑物设计需求时,仅可供参考。

②勘探孔的深度满足设计需求的,改扩建范围在15m以内时为可利用,在15~30m时为部分可用,在30m以外时为可供参考。

4.4.3 可利用既有高速公路的物探资料,并结合新的扩建方案对物探异常区进行加密物探或钻孔验证。

4.4.4 应做好既有高速公路取得的土工试验、现场测试及地质专题研究报告新旧成果的对比分析,综合研究后予以利用。

4.4.5 对既有高速公路地质资料的利用比例,可通过场地工程地质条件复杂程度与勘察阶段予以确定。工程地质条件简单时,可行性研究阶段利用程度高;工程地质条件复杂时,详细勘察阶段利用程度低。

5 可行性研究阶段勘察

5.1 一般规定

5.1.1 可行性研究阶段勘察除应满足现行《公路工程地质勘察规范》(JTG C20)的要求外,还应满足本手册要求。

5.1.2 以资料收集和利用既有高速公路地质资料为主,可辅以地质遥感解译、工程地质调绘等,为编制工程可行性研究报告提供工程地质资料。

5.1.3 可利用既有高速公路工程地质调绘、遥感解译、物探等资料,当工作量不满足现行标准要求时应予以增加。

5.2 预可勘察

5.2.1 预可勘察阶段应重点搜集、利用既有高速公路地质报告,如工程场地地震安全性评价报告、压覆矿产调查专题报告、地质灾害评估报告等,深度了解改扩建项目关键性技术难题及重难点的处理措施、处理深度。

5.2.2 除资料收集、分析外,可辅以遥感解译及踏勘调查,调查比例尺 1∶50 000~1∶100 000,调查范围为拟定线路及两侧 500~1 000m。

5.3 工可勘察

5.3.1 工可勘察阶段应重点搜集、利用既有高速公路勘察、沉降观测、病害处治和养护等资料,分析、了解各工点工程地质条件,路线不良地质与特殊性岩土类型、分布范围及其工程特性,地基加固处理形式等。

5.3.2 此阶段以资料收集和工程地质调绘为主,工程地质调绘的比例尺为 1∶10 000~1∶50 000,范围应包括各路线走廊或通道所处的带状区域 200~500m。

5.3.3 在地质构造复杂、存在大规模地质灾害或特殊性岩土分布,以及控制性工程地段,应利用既有高速公路钻孔资料,辅以工程地质勘探,当勘察工作量不满足标准要求时,可增加勘察工作量。

6 初步勘察

6.1 一般规定

6.1.1 初步勘察阶段除应满足现行《公路工程地质勘察规范》(JTG C20)的要求外,还应满足本手册要求。

6.1.2 本阶段勘察工作应根据改扩建路线方案按资料收集、核查和分析评估,勘察内容和勘察重难点,勘察方法与勘察工作布置等基本程序进行。

条文说明

与新建项目不同,改扩建高速公路初步勘察是在充分收集、利用既有高速公路勘察、施工、运营、养护过程中相关地质成果资料的基础上开展,目的是基本查明改扩建高速公路沿线及各类构筑物建设场地的工程地质条件,为初步设计文件编制提供工程地质资料。

6.1.3 既有高速公路病害发育路段应收集并核查不良地质及特殊性岩土分布特征、处置方式及处理效果等资料,对核查过程中新发现的地质问题且尚无资料时,应补充收集,并重点开展工程地质调绘和勘察工作。

条文说明

既有高速公路运营过程中会遇到如路基路面开裂、路堑边坡浅层滑塌、路堤边坡滑塌等病害,如能收集相关资料,分析病害发生原因,评估处置措施(软土的处理方式及边坡的支护形式)的合理性和处治效果,将有利于指导后续勘察工作的布置及设计方案和设计参数的确定,为改扩建高速公路处治设计提供设计依据和实践经验。

6.1.4 根据已有资料分析工程可行性研究阶段勘察成果,结合改扩建路线方案、沿线工程地质条件及各工点具体地质情况确定勘察工作重点和工作内容,指导勘察工作的布置。

条文说明

根据《高速公路改扩建设计细则》(JTG/T L11—2014),构筑物改扩建方式总结如下:
(1)一般路基通常采用拼宽的形式加宽;高填、陡坡、深挖路段,地质条件复杂路段,加筋土、锚定板、桩板式挡墙等特殊挡墙路段,可采用分离增建的形式加宽,如图6-1所示。

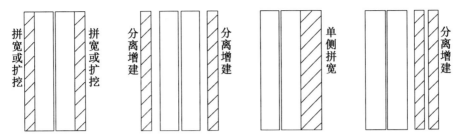

图6-1　高速公路改扩建路基加宽形式示意图

(2)一般桥梁服从路段加宽形式采用拼宽或分离增建;拱桥、悬索桥、斜拉桥、大跨度连续梁桥等桥梁大多采用分离增建的形式加宽。

(3)隧道路段多采用分离增建的形式加宽。受条件限制(地质、空间等)时,中短隧道可采用原位扩挖隧道方案,如图6-2所示。

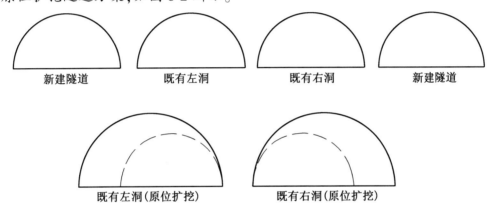

图6-2　高速公路改扩建隧道加宽形式示意图

(4)互通式立体交叉范围的主线主要采用两侧拼宽。

目前,已实施的改扩建工程大多采用两侧加宽,但特殊情况下,如施工期维持交通要求特别高,或受大型构造物、地形等限制时,也可以选择单侧加宽。不同形式的改扩建方式也对勘察工作的开展提出了不同要求。

6.1.5　勘察方法的选择应满足下列要求:

1　既有高速公路加宽部分采用资料收集与利用、既有高速公路核查、工程地质调绘、钻探、简易勘探、原位测试、取样试验等相结合的勘察方法。

2　新建公路部分应按现行《公路工程地质勘察规范》(JTG C20)的规定执行。

6.1.6　专项勘察应符合下列规定:

1　对路线方案有较大影响的不良地质段落,应重点布置勘察工作,查明不良地质的性质、范围及规模等,评价其对路线方案的影响程度。

2　对线路控制性工程,如特长隧道、大跨径桥梁等,宜在初步勘察阶段开展专题研究工作。

6.1.7 既有高速公路勘察资料的利用应满足下列要求：

1 工程地质条件复杂程度为简单及较复杂的改扩建项目30m范围内的钻孔资料可利用，工程地质条件复杂程度为复杂的改扩建项目15m范围内的钻孔资料可利用。

2 既有高速公路的物探资料可利用，并根据改扩建方案对物探异常区进行加密物探或钻孔验证。

3 既有高速公路土工试验、现场测试及地质专题研究报告，应做好新旧成果的对比分析研究，综合研究后予以利用。

6.2 路线及总体方案

6.2.1 路线及总体方案宜采用资料收集和分析、工程地质调绘等勘察方法。

6.2.2 既有高速公路勘察资料的利用应满足下列要求：

1 既有高速公路工程地质调绘资料（地质界线、岩层产状、不良地质及特殊性土分布等），核实后方可利用。

2 对不良地质的相关地质资料，经既有高速公路验证无运维病害的勘探、测试、试验等资料，应予以利用，否则宜参照利用。

3 对特殊性岩土的相关地质资料，宜参照利用，并与新的勘探资料进行对比分析、重点研究。

6.2.3 改扩建高速公路工程地质调绘除常规地质调查外，还应对填土类型及范围、边坡开挖及揭露地层情况、挖填方边坡稳定性及支护方式、弃土场稳定性等开展调查。

6.2.4 初步勘察阶段对沿路线及其两侧的带状范围进行1∶2 000工程地质调绘，改线段或新增线路段可增加1∶1 000工程地质调绘，调绘宽度不小于路线两侧各200m。对不良地质及特殊性岩土分布区域，调查范围应外延至工程影响区域。

条文说明

初步勘察阶段的调绘范围可按《广东省高速公路工程地质勘察管理规程》（2018）第5.2.2条的规定确定：

5.2.2 初步勘察阶段的调绘应沿拟定线路的带状范围进行，调绘宽度应结合各类公路构筑物的影响范围确定，须满足线路方案比选及初步工程设计的要求，一般不小于200m。不良地质、特殊岩土以及水文地质条件复杂的重点工程地段，应加大调绘范围，必要时开展大面积的水文地质与工程地质调绘。构造复杂、岩溶发育等地区应采用追踪法，查明其对工程稳定的影响。

1 一般路基：调绘范围沿拟定的路线中心线左右两侧各不应小于200m，工程地质条件较复杂或复杂，填挖变化较大的路段不小于300m。

2 高路堤:调绘范围沿拟定的路线中心线左右两侧各不应小于两倍路堤基底宽度,斜坡地带下边坡宜调查到坡脚位置,上边坡宜调查到第一分水岭。

3 陡坡路堤:调绘范围沿拟定的路线中心线左右两侧各不应小于两倍路堤基底宽度,下边坡宜调查至坡脚位置,上边坡宜调查至第一分水岭。

4 深路堑:调绘范围沿拟定的路线中心线左右两侧各不应小于边坡高度的5倍,调绘范围宜至边坡分水岭;基岩出露处应进行节理裂隙统计,并绘制赤平投影图。

5 边坡支挡工程:调绘范围宜至边坡分水岭;基岩出露处应进行节理裂隙统计。

6 涵洞:调绘范围应包括涵洞及其两侧汇水工程以外各不小于20m的区域。

7 桥梁:调绘范围沿拟定的路线中心线左右两侧各不应小于100m,斜坡地带应扩大调查范围,上坡宜调查至第一分水岭,下坡宜调查至坡脚位置。桥台基岩出露处应进行节理裂隙统计。

8 隧道:调绘范围沿拟定的隧道轴线及其两侧各不小于200m。隧道进出口及洞身基岩出露处应进行节理裂隙统计,绘制节理裂隙玫瑰花图。

9 沿线设施工程:调绘要求应符合《岩土工程勘察规范》(GB 50021)的规定。

10 沿线筑路材料料场:通过地面踏勘初步确定料场范围,取样确定沿线筑路材料品质后,进行详细的工程地质调绘,结合探坑(井、孔)确定料场储量。

6.2.5 工程地质调绘完成后应与既有高速公路地质资料分析比较,结合改扩建方案确定勘察重点和勘察内容,指导工作布置。

6.3 路基工程

6.3.1 改扩建高速公路路基工程根据构筑物特征可划分为一般路基、高路堤、陡坡路堤、深路堑、支挡工程及软土地区路基等。

6.3.2 既有高速公路路基钻孔利用应符合下列规定:
1 既有高速公路路基勘探点底高程低于现路基设计高程以下3m时,方可利用。
2 对于一般路基,应尽量利用原有勘探点,兼顾涵洞、通道,并与大中桥梁、天桥、特殊路基等钻孔相协调。
3 对于高路堤及陡坡路堤,既有高速公路内相应勘探钻孔宜参考利用。应结合地形地貌、地层岩性,综合分析后予以利用。
4 对于深路堑,既有高速公路内的路堑边坡钻孔应予以利用。
5 对于支挡工程,既有高速公路内相应的钻孔,根据现场情况参考使用。
6 对于软基路段,宜利用原勘察钻孔,并在此基础上增加取土标准贯入钻孔,如静探孔、轻型触探孔等形成横向勘探断面,综合分析原有路基的各种地基处理路段的软土地基固结度、固结系数、压缩变形发展规律和抗剪强度增长规律,确定原有路基各种地基处理路段的软土地基固结度和剩余沉降,包括主固结沉降和次固结沉降。

条文说明

对于挖方边坡,既有高速公路在修建时已经进行了刷坡消方,既有高速公路已不具备再次进场勘察条件,因此,应利用原路堑钻孔资料。

广韶高速公路改扩建项目勘察过程中,既有挖方边坡不做改造或改造加固范围很小时,直接利用前期边坡勘察成果。对于需要削方的高边坡,根据《广东省高速公路建设项目加强勘察设计管理指导意见》和勘察工作大纲,按规范重新布置勘察孔进行地质勘察,既有高速公路原有的勘察和钻孔成果参考使用。对于边坡坡面全支护的边坡,新增钻孔一般布置在边坡坡顶和平台上。需要重新勘察的主要原因是广东地区气候湿热,既有挖方边坡的花岗岩岩体长期暴露于地表,原先中风化的岩体还会继续风化,导致原有的风化界线发生明显变化,原斜坡既有钻孔揭示的风化界线的深度和高程均与运营多年的既有高速公路边坡实际风化界线有较大出入,导致原有斜坡的岩层分层成果无法利用,因此,既有高速公路边坡钻孔的试验成果、原位测试成果等只可参考利用。

6.3.3 改扩建高速公路路基段根据加宽方式,主要沿改扩建范围布设,并满足下列要求:

1 单侧加宽沿路基中线单侧布置,如图 6.3.3-1 所示。

2 两侧拼宽时应按左、右幅分别考虑,勘探点采用"之"字形交叉布置,如图 6.3.3-2 所示。

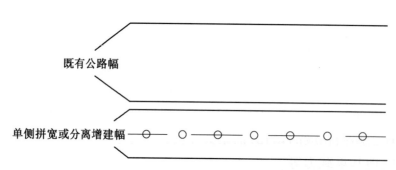

图 6.3.3-1 单侧拼宽路基钻孔布设示意图

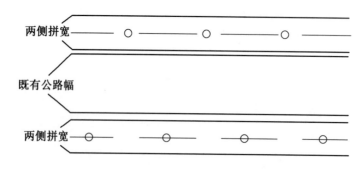

图 6.3.3-2 两侧拼宽路基钻孔布设示意图

6.3.4 一般路基勘察还应满足下列要求:

1 一般路基段钻孔布设密度宜为 2 孔/km,典型路基段应布设横断面,不良地质发育区段应布置物探测线。

2 在每个地貌单元或地形、工程地质变化的路段适当加密勘探点。

6.3.5 高路堤与陡坡路堤勘察还应满足下列要求：

1 根据收集的路基养护资料可查明路堤基底地基稳定性、地基承载力等。

2 高路堤每100～300m应布设一个控制断面，陡坡路堤间距不大于200m布置控制断面，或每个工点不少于1个控制断面。

3 每个控制断面上应不少于2个勘探点，可结合原有勘探孔布置横断面。

6.3.6 深路堑勘察还应满足下列要求：

1 既有高速公路内相应的路堑钻孔，根据现场情况参考使用。进场条件困难时，同一地质地貌单元的、距离较远的既有钻孔可参考使用。

2 根据收集的边坡监测资料可查明路堑边坡稳定性、支护形式的适用性。

3 既有高边坡稳定性较差或有变形路段，应布设1个控制断面，断面间距不大于100m，根据地层结构或稳定性分析需要可加密至间距50m以内，或每个工点不少于2个控制断面。

4 新布设钻孔应尽量避开既有高速公路支护措施部位，如挡墙、锚杆、锚索等。

条文说明

既有高速公路路堑边坡已开挖并采取支护措施的，可参考地层岩性、地质结构，根据支护措施的稳固程度验证岩土体物理力学参数（如抗剪强度）的合理性等。

6.3.7 支挡工程勘察还应满足下列要求：

1 既有高速公路内相应的钻孔，根据实际情况参考使用，若高度变化较大，则可仅参考利用地层岩性、地基承载力等。

2 支挡工程横断面一般布置在支挡工程的关键部位，间距30～50m，或每个工点不少于1个，地质条件变化异常处适当加密。

3 每个控制断面不少于2个勘探点，勘探点的布设以查明基底地层分布情况、确定基底承载力为准。

6.3.8 软土路基勘察还应满足下列要求：

1 应充分调查既有高速公路沉降与稳定状况，分析软土固结历史、强度和变形特征等，评价处理措施的合理性和有效性，结合拼宽方式布置勘察工作。

2 软土路基段以布置钻孔为主，利用既有钻孔作加密使用，或用作横向勘探线勘探点。

3 勘探点间距不大于300m，除钻探外，可增加原位测试手段。

4 当软土厚度大、分布复杂时，应结合路基设计，分段布置横向勘探断面，采用钻探与原位测试结合的勘察方法进行勘探,每个勘探断面勘探点不少于2个,勘探断面的平均间距不大于200m。

5 软土路基段如分布饱和砂土和粉细砂,应根据抗震设计要求评价液化及黏性土震陷可能性。

条文说明

软土路基段是高速公路改扩建勘察设计的重点,应查明软土的成因、埋深、物理力学指标、固结、渗透、有机质含量等特殊性指标、固结历史等,并选取典型软基路段进行新旧路基物理力学性质对比研究,为路基拼接、软基加固方案选取、减少差异沉降提供可靠的设计参数。

6.4 桥涵工程

6.4.1 改扩建高速公路桥涵工程根据构筑物特征及改扩建方式可划分为桥梁、涵洞、桥涵拆除、桥梁顶升等。

6.4.2 桥涵利用既有高速公路钻孔应符合下列规定:
1 桥梁利用既有钻孔应采用钻孔进行验证,同一地质地貌单元,每200~300m范围内应布设不少于1个对比钻孔,全线对比钻孔比例不小于总利用既有孔数的10%。
2 既有桥梁钻孔孔深<15m时,应分析实际情况后方可利用,当基岩中软弱夹层少或可排除孤石可能性时可利用,否则只可用于绘制地质横断面。
3 桥台应布设钻孔,可利用既有钻孔进行桥台稳定性分析。
4 大型涵洞不能全部利用既有钻孔,应至少布设1个钻孔。
5 岩溶区桥梁除拼宽设计时可利用既有钻孔外,其余情况原有桥梁钻孔仅可用于评价场区岩溶的发育程度,不宜用于桥梁桩基设计。火成岩及其他沉积岩区桥梁边线以外20m范围内钻孔孔深满足设计要求时,方可利用。

条文说明

广韶高速公路改扩建项目中,主线两侧改扩建段落,主线桥梁基本是既有桥梁两侧拼宽,前期施工图阶段的钻孔基本可以利用。初步勘察阶段,结合进场条件,每座大桥布置2~3个钻孔进行验证,中桥和通道利用既有桥涵钻孔。两座碳酸盐发育的桥梁,初步勘察仅布置2个钻孔验证既有桥梁施工期桩基超前钻揭示的岩溶发育情况。详细勘察阶段,火成岩及其他沉积岩区桥梁边线以外20m范围内钻孔参考使用,其他钻孔仅用作参照,用于对比和核查基岩起伏变化情况。碳酸盐区桥梁在详细勘察阶段逐墩布置钻孔进行勘察,施工期再进行桩基超前地质钻探。

6.4.3 改扩建高速公路桥梁段根据加宽方式主要沿改扩建范围布设,并满足下列要求：
1 单侧加宽沿桥梁中线单侧布置。
2 两侧拼宽时应按左、右幅分别考虑，勘探点采用"之"字形交叉布置。

6.4.4 桥涵勘察应满足下列要求：
1 桥涵钻孔布设应满足下列要求：
1）一般路段大桥应布设 3 个以上钻孔，中桥应布设 2 个以上钻孔，小桥布设 1 个以上钻孔；
2）复杂特殊地质路段特大桥布设 9 个以上钻孔，大桥布置 6 个以上钻孔，中桥布置 3 个以上钻孔；
3）大跨径特殊大桥，每个主墩布置 1 个以上钻孔，其余孔跨按 200~300m 间距布孔；
4）特长高架桥按 200~300m 间距布孔；
5）跨径 5m 及以上涵洞通道等应单独布孔，可结合路基孔布设。
2 勘探深度应达到构造物要求的持力层，遇软弱地基时应穿过覆盖层和软弱地层。对端承桩，应进入桩端持力层不小于 5 倍桩径深度；对于摩擦桩，根据设计动态确定。
3 地质条件复杂的桥梁墩台可适当布置横向物探测线，宜采用地震波法、高密度电法等。
4 对于特大桥、大桥及典型地貌单元工点，应选择钻孔进行波速测试工作。

条文说明
拼宽桥梁若采用摩擦桩穿过软弱地基，需考虑软土沉降对拼宽桥基的影响，结合监测资料与新布设钻孔取样试验资料，查明软弱地基压缩系数、摩阻力等设计参数，为减少差异沉降措施的确定提供准确的设计参数。

6.4.5 桥涵拆除工点按重建构筑物类型开展勘察工作。

6.4.6 桥梁顶升勘察应布设钻孔，钻孔深度应满足设计要求，既有桥梁钻孔资料可参考利用。既有钻孔若能用于桥梁持力层的承载力及稳定性验算，可作为加密钻孔使用。

条文说明
桥梁顶升时桥位未发生变化，既有高速公路钻孔资料在满足要求条件下均可利用，可参考岩性、地层结构及承载力特征值等，还可为桥台边坡稳定性验算提供依据。

6.5 隧道工程

6.5.1 改扩建高速公路隧道工程根据构筑物特征及改扩建方式可划分为分离增建隧道和扩挖既有隧道等。

6.5.2　既有高速公路隧道资料利用应符合下列规定：

1　原有隧道钻孔和物探成果可参考使用。进出洞口在同一个斜坡上的，原有钻孔可用作进出洞口横剖面，洞身钻孔可结合地质调查和物探成果加以利用。

2　利用原隧道钻孔孔深应低于新隧道底板设计高程以下5m。

3　隧址区及比较线地质调查、钻探、物探及水文试验等勘察资料，以及既有隧道施工超前地质预报、施工监测等资料，可用来验证隧道围岩分级、涌水量预测等的准确性。

条文说明

扩挖隧道位于原址，可利用既有钻孔资料，适当补充一些勘察工作量，在满足勘察设计要求的前提下，就可极大地缩短勘察周期，节省工程投资。

广韶高速公路改扩建工程旦架哨隧道是在既有高速公路隧道两侧新建两座新的隧道，在新隧道初步勘察阶段，直接参考利用了既有高速公路隧道的物探成果和进出洞口的钻孔资料，并直接利用了既有高速公路7个洞身钻孔资料，这些资料一是用来验证物探异常，二是用来划分隧道围岩级别。通过地质调绘及新增4个洞身钻孔来进行成果验证，结果表明：既有高速公路隧道所有的钻探、原位测试、试验成果、物探成果及前期勘察结论，均与不验证的钻探和物探成果相吻合，均可直接利用。既有高速公路隧道施工期间补充勘察和施工台班记录更是非常好的平硐勘察成果，可以用作两侧拟建隧道围岩级别划分和各岩土层物理力学参数取值的依据。

6.5.3　隧道钻孔布置应满足下列要求：

1　隧道钻孔应布置在岩性变化地段和构造带等重点控制性部位，宜沿隧道中心线布设，并在洞壁外侧不小于5m。

2　洞口和洞身均布置钻孔，数量根据地质条件确定。地质条件复杂或长、特长隧道，勘探点数量不应少于5个；中短隧道钻孔数量一般不少于3个；地质条件简单时可适当减少勘探点数量。

3　根据隧道规模大小，中隧道及以上隧道水文地质试验点不少于1个。

4　物探异常区段应布置钻孔。

条文说明

工程实践表明，对隧道建设运营影响较大的重点地段，如断层破碎带、岩性变化地段、节理发育地段等应加强勘察工作，布置钻孔查明其性质（活动性、导水性等），充分研究既有隧道施工运营期间的资料，与新布设钻孔相互验证。

6.5.4　除钻探外，还应采取物探、水文试验等勘察手段，其布设应符合下列规定：

1　沿洞身轴线布置物探纵向测线，在隧道进出洞口及横洞位置布置物探横向测线。

2　选择有代表性的钻孔进行围岩声波测试。

3　地下水条件复杂时应分段进行现场水文地质抽水、压水试验，必要时开展水文专题研究工作。

4 既有隧道水文与物探资料可相互补充验证。

条文说明

既有高速公路隧道开挖施工过程改变了工程地质条件,原有地下水排泄通道或堵或疏,因此,需结合现阶段水文资料、既有隧道施工和运营等资料,综合分析预测涌水量、判断围岩级别等。

6.5.5 分离增建隧道按新构筑物类型开展勘察工作,既有钻孔满足要求时可作为参照钻孔使用。

6.5.6 扩挖既有隧道以利用既有隧道勘察资料为主,根据隧道长度及地质条件复杂程度适当增加钻孔。

6.6 其他

6.6.1 改扩建高速公路路线交叉勘察应满足下列要求:

1 既有高速公路路线交叉工程钻孔资料在满足利用和验证要求的条件下方可利用。

2 路线交叉工程的路基勘察参照主线路基要求进行勘探,应符合本手册第7.3节的规定。

3 路线交叉工程的桥梁及天桥根据桥型、跨径,参照主线桥梁要求进行勘探,应符合本手册第6.4节的规定。

6.6.2 改扩建高速公路取(弃)土场勘察应满足下列要求:

1 应结合路线分布情况,调查既有高速公路料场岩性、节理发育程度、稳定性状况等,分析改扩建高速公路料场的适用性。

2 取(弃)土场勘探采用钻探、静力触探相结合的勘察方法,断面垂直岩层走向和地貌单元界线布设,每个勘探断面不少于3个勘探点,勘探断面间距不大于200m。

3 新建取土场位于原取土场或附近地层条件无明显变化时,可在适当取样试验进行对比验证后,利用原取土场相关成果资料。

4 土料来源为外购或重新选址取土的,应重新进行取样试验。

6.6.3 附属建筑勘察应满足下列要求:

1 附属建筑地理位置、地层条件无较大变化时,可直接利用既有高速公路附属建筑勘察资料。

2 新建附属建筑应根据现行《岩土工程勘察规范》(GB 50021)和广东省相关地方标准进行勘察,满足设计与图审要求。

7 详细勘察

7.1 一般规定

7.1.1 详细勘察阶段除应满足现行《公路工程地质勘察规范》(JTG C20)的要求外,还应满足本手册的要求。

7.1.2 既有高速公路成果资料丰富、经验证可利用程度较高时,可考虑将初步勘察和详细勘察合并为一阶段实施勘察工作。

7.1.3 详细勘察应在对初步勘察工程地质资料进行复核的基础上,充分利用各项地质成果资料,对尚未查明的不良地质及控制性工程的地质条件和地质问题,应补充勘察工作。

7.1.4 勘察资料的利用应满足下列要求:
1 满足利用条件的钻孔资料,工程地质条件复杂程度为简单及较复杂的地区改扩建范围 15m 内可使用,工程地质条件复杂程度为复杂的地区仅供参考使用。
2 既有高速公路的物探资料、土工试验、现场测试及地质专题研究报告仅参考使用,做好新旧成果的对比分析研究后方可利用。

条文说明

详细查阅前期勘察成果,可以从宏观上掌握每一个路桥隧工点基本工程地质及水文地质情况,并与初步勘察成果进行对比分析,有助于了解每个工点地层空间分布情况、基岩面起伏变化情况等,有助于更好地确定详细勘察方案,有针对性地布置详细勘察钻孔,有助于更详细全面地查清项目区工程地质条件。同时,通过对初步勘察及勘察成果的分析与掌握,可指导详细勘察工程地质剖面图、工程地质纵断面图及横断面图的绘制,可指导标段勘察报告及工点勘察报告的编制。

7.1.5 当线位偏离初步勘察线位时,应进行工程地质详细勘察工作。

7.2 路线及总体方案

7.2.1 详细勘察阶段应充分利用初步勘察取得的各项地质资料,对初步勘察资料进行

现场踏勘、复核,并满足下列要求:
1 复核区域地层界线、断层线、特殊性岩土和不良地质、病害发育路段等。
2 复核点数不少于初步勘察调绘点的10%,若发现初步勘察调绘与实际不符时,应重新进行工程地质调绘。
3 当路线偏离初步设计线位50m时,应进行补充工程地质调绘。

7.2.2 对控制性工点和地质条件复杂地段,应结合钻探及物探等成果补充工点地质调绘,比例尺为1∶500,宽度不小于路线两侧各200m。

7.3 路基工程

7.3.1 详细勘察阶段路基勘察资料利用应符合下列规定:
1 勘探点应结合初步勘察成果,对于详细勘察路线处于初步勘察路基范围内的钻孔应全部加以利用。
2 软土路基勘探点应在利用的基础上进行适当加密。
3 对于同一地貌单元且偏离初步勘察路线不大的钻孔,可参考使用。
4 路基范围内的物探成果及地质调查成果在验证或对比分析的基础上进行利用。
5 路基范围内若存在其他构筑物,如涵洞、桥梁等,均可利用,互相验证。

7.3.2 路基工程勘察工作量宜根据地形与工程地质条件综合确定,可在初步勘察基础上增加钻孔数量。

条文说明

《广东省高速公路工程地质勘察管理规程》(2018年)第6.2节～第6.5节明确规定了一般路基、高路堤、陡坡路堤、深路堑及支挡工程的勘探布置工作量,可根据该规程开展勘察工作。路堑边坡结合扩宽方式与地形起伏状况的钻孔布设可参考图7-1。

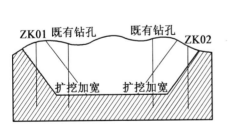
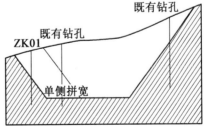

图7-1 路堑边坡拼宽钻孔布设示意图

路堑边坡钻孔尽量避免布设在已有支护措施上,根据地形条件选择平缓地带布设。

7.3.3 在深路堑边坡的拆除与加宽区域,应适当布置勘察工作量。

7.3.4 典型软土段落、既有高速公路沉降量大的段落,应补充下列内容:

1 根据设计要求适当布置勘察工作量,结合养护监测数据,查明软土的成因、顶底板埋深、固结、渗透、有机质含量等物理力学指标,以及固结历史等。

2 应分别在原路基、原路肩、拼宽路段分别布设钻孔并取样测试,布设可参考图7.3.4。

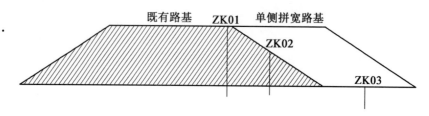

图7.3.4 软土路基段单侧拼宽路基钻孔布设示意图

条文说明

根据某高速公路沉降观测曲线(图7-2),软土路基拼宽需要重点考虑拼宽段与既有路基产生差异沉降而导致的原路基协调性问题,有必要在原路基与拼宽段均开展勘察工作,为拼宽路基方案确定和处治措施提供可靠的设计参数。

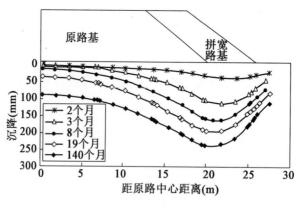

图7-2 某高速公路沉降观测曲线

7.4 桥涵工程

7.4.1 详细勘察阶段桥涵勘察资料利用应符合下列规定:

1 地形及地质变化较平缓的段落,一般满足详细勘察孔深要求的桥梁偏离墩台小于5m的可利用。

2 不同地貌或地质单元的桥梁钻孔不建议跨区利用。

3 花岗岩基岩面起伏变化较大的工点偏离墩台且偏距大于1m的桥孔不宜直接利用;岩溶发育区的桥孔仅限于桩基位置且孔深满足设计要求的可利用。

4 对于孔位难以核查、孔深不足、孔位偏离墩台超过5m,或地质条件复杂、孔位偏离墩台超过1m的桥孔,不宜直接利用。

5 桥址区的物探成果及地质调查成果在验证或对比分析的基础上,可利用或参考使用。

7.4.2 桥涵工程勘察工作量宜根据工程地质条件实际情况和初步勘察成果确定,可在初步勘察基础上增加钻孔数量。

条文说明

《广东省高速公路工程地质勘察管理规程》(2018)第6.6节明确规定了桥梁工程勘探工作量:

6.6.1 当地形平缓、工程地质条件和桥型结构简单时,桥台必须布置钻孔,桥墩总钻孔数量不少于总跨数(按单幅计)的1/4倍。

6.6.2 当地形较平缓、工程地质条件较复杂或桥型结构较复杂时,每个桥台不少于1个钻孔,桥墩总钻孔数量不少于总跨数(按单幅计)的1/2倍。

6.6.3 当地形起伏大、工程地质条件复杂或桥型结构复杂时,每个桥台不少于2个钻孔,桥墩总钻孔数量不少于总跨数(按单幅计)的1/2~1倍。

6.6.4 花岗岩地区按工程地质条件较复杂或复杂考虑,每个桥台不少于2个钻孔,桥墩总钻孔数量不少于总跨数(按单幅计)的1倍。

6.6.5 特殊结构桥梁如悬索桥及斜拉桥的桥塔、锚碇基础、高墩基础勘察,应根据设计要求,经研究后合理布置钻孔或勘察工作量。

7.4.3 跨径较大或工程地质条件复杂的桥涵可进行适当加密勘探,对岩溶区应进行逐桩钻探。

7.4.4 涵洞钻孔可结合其他构筑物,如路基、桥梁钻孔,综合分析利用。

7.4.5 对软弱土地基的摩擦桩桥梁及涵洞,应加密布置勘察工作量,查明地基土特征。

7.5 隧道工程

7.5.1 详细勘察阶段隧道勘察资料利用应符合下列规定:

1 隧道单幅中心线以外30m范围的物探及钻探成果,在验证分析的基础上宜参考使用。
2 中心线以外30~60m范围的物探及钻探成果可参考使用。
3 不同地貌及地质单元的物探及钻探成果仅供参考使用。

7.5.2 隧道工程勘察工作量宜根据工程地质条件和勘察成果确定,并根据现场工程地质条件、水文地质及工程地质评价的要求进行加密。

条文说明

《广东省高速公路工程地质勘察管理规程》(2018年)第6.8节明确规定了隧道工程勘探工作量：

6.8.1 勘探工作量按单幅隧道布置，应结合隧道的地形地貌情况、地质条件的复杂程度确定：

1 隧道进口段或出口段勘探横断面不少于2个，每个横断面钻孔数量不少于1个；隧道进口段或出口段勘探横断面的控制尚应满足下列规定：

1)地形平缓、工程地质条件简单的隧道进口段或出口段勘探横断面不少于2个，每个横断面钻孔数量不少于1个。

2)地形较平缓、工程地质条件较复杂的隧道进口段或出口段勘探横断面不少于3个，每个横断面钻孔数量不少于1个。

3)地形陡峻、工程地质条件复杂的隧道进口段或出口段勘探横断面不少于4个，每个横断面钻孔数量不少于1个。

2 隧道洞身的勘探纵断面不少于1个，钻孔数量不少于1个，具体钻孔数量根据隧道的规模确定，中隧道钻孔间距300~400m，长隧道和特长隧道钻孔间距400~600m；重要地质界线、构造带，包括断层及破碎带(含重要物探异常点)上必须布置钻孔。

7.5.3 应在工程地质勘察的基础上补充物探与水文地质试验等，查明隧道水文地质条件及水文地质问题。

7.6 其他

7.6.1 路线交叉应满足下列要求：

1 路线交叉工程的路基参照主线路基要求进行勘探，应符合本手册第7.3节的要求。

2 路线交叉工程的桥梁及天桥参照主线桥梁要求进行勘探，应符合本手册第7.4节的要求。

7.6.2 取(弃)土场详细勘察应对初步勘察资料进行核实，必要时进行补充勘探。

7.6.3 高速公路附属建筑的详细勘察应符合现行《岩土工程勘察规范》(GB 50021)、《建筑地基基础设计规范》(GB 50007)、《广东省建筑地基基础设计规范》(DBJ 15-31)、《建筑抗震设计标准》(GB 50011)的相关规定。

8 不良地质

8.1 一般规定

8.1.1 高速公路改扩建不良地质勘察除应满足现行《公路工程地质勘察规范》(JTG C20)的要求外,还应满足本手册的要求。

8.1.2 高速公路改扩建工程的不良地质勘察,应收集既有高速公路勘察、设计、施工、运营维护和岩土监测等资料,分析研究改扩建项目的工程特征,结合既有高速公路不良地质病害防治经验,按照勘察设计的阶段要求和构筑物设置情况进行勘察工作。

8.1.3 高速公路改扩建工程不良地质勘察应在综合分析既有高速公路工程地质勘察资料的基础上,根据不同勘察阶段和各种不良地质类型,采用工程地质调绘、物探、钻探、原位测试、室内试验等方法,结合改扩建方案进行综合勘探。

8.1.4 控制线路方案、影响公路安全的不良地质地段,应开展专题勘察或专题研究。

8.1.5 工可勘察阶段应以资料收集和工程地质调绘为主,重点路段可辅以少量的勘探工作。

8.1.6 初步勘察阶段应收集和研究前一阶段的地质资料,分析前期资料已揭示不良地质成因、类型、分布范围等特征,采用工程地质调绘、钻探、室内试验、原位测试、物探、简易钻探等手段,基本查明改扩建项目不良地质的特征。

8.1.7 详细勘察阶段应分析不良地质的分布特征及地质灾害情况,采用补充工程地质调绘、钻探、物探、原位测试、室内试验等手段,查明各不良地质的成因、分布、类型等,分析评价不良地质对改扩建工程建设的影响。

8.1.8 施工及运维阶段,应重视地质灾害防治工作,对地质灾害防治设计的效果进行验证,分析总结各不良地质的地质特征及适宜的处治方法。宜对有重大影响的不良地质体开展长期监测工作,预测不良地质发展趋势,并采取防治措施。

8.1.9 根据高速公路改扩建特点,岩溶、滑坡和采空区宜在现行《公路工程地质勘察规范》(JTG C20)的基础上参考本手册进行勘察,其余类型的不良地质按现行《公路工程地质勘察规范》(JTG C20)中新建项目的规定进行勘察。

8.2 岩溶

8.2.1 场地的岩溶发育程度,可根据已有调绘及钻孔资料,按表8.2.1判别。

表8.2.1 岩溶发育程度等级判别

岩溶发育程度等级	岩溶发育特征
岩溶强发育	①地表岩溶塌陷,岩溶洼地、漏斗、土洞发育,溶沟、溶槽、石芽密布; ②钻孔遇洞率>30%,或线岩溶率>20%,或土洞率>10%; ③相邻柱基之间基岩起伏面相对高差>5m; ④岩溶裂隙或串珠状溶洞发育深度>20m; ⑤地下有暗河、伏流,岩溶裂隙水丰富,地表泉眼分布较多
岩溶中等发育	①地表岩溶塌陷,岩溶洼地、落水洞、漏斗、土洞较发育,溶沟、溶槽、石芽较发育; ②钻孔遇洞率10%~30%,或线岩溶率5%~20%,或土洞率0%~10%; ③相邻柱基之间基岩起伏面相对高差2~5m; ④岩溶裂隙或串珠状溶洞发育深度5~20m; ⑤地下无暗河、伏流,岩溶裂隙水较丰富,地表有泉眼分布
岩溶微发育	①无岩溶塌陷、落水洞、漏斗,溶沟、溶槽较发育; ②钻孔遇洞率<10%,线岩溶率<5%,无土洞; ③相邻柱基之间基岩起伏面相对高差<2m; ④岩溶裂隙或串珠状溶洞发育深度<5m; ⑤岩溶裂隙多被充填,地下水不丰富

注:1. 各等级的5项条件中,有一项符合即判定为相应岩溶发育程度等级。
    2. 当钻孔遇洞率为0,基岩面起伏高差>5m、2m≤基岩面起伏高差≤5m、基岩面起伏高差<2m时,可分别判定为表生岩溶强发育、中等发育和微发育。

条文说明

岩溶发育程度是一个综合性的评价指标,受岩溶发育的多项因素影响,是地表、地下岩溶的综合反映。本条将场地岩溶发育程度划分为强发育、中等发育、微发育三个等级,结合地表及地下岩溶形态、溶蚀基岩面起伏程度、岩溶水文地质等场地岩溶现象的定性指标,提出了岩溶发育程度的判定标准。

一般来讲,岩溶按岩溶形态和分布特征可分为以垂直向下发育为特征的地表岩溶(如岩溶洼地、漏斗、落水洞、石芽、石林、溶沟、溶槽等)和以水平方向发育为主的地下岩溶(如水平溶洞、暗河等)。地表岩溶中,岩溶形态被上覆土层覆盖,隐伏于覆盖层之下发育的称为隐伏岩溶;岩溶形态裸露于地表发育的称为裸露岩溶。

钻孔遇洞率、线岩溶率主要反映了地下岩溶的发育程度。一般而言，钻孔遇洞率反映了岩溶洞(隙)出现的频率，线岩溶率反映了岩溶洞(隙)出现的比例。如果钻孔遇洞率高、线岩溶率低，说明场地岩溶规模较小；反之，说明场地岩溶规模较大。如果钻孔遇洞率低、线岩溶率低，说明场地岩溶规模较小，且岩溶发育程度低。如果钻孔遇洞率高、线岩溶率高，说明场地岩溶规模较大，且岩溶发育程度高。

公路工程属线性工程，在评价范围、指标选取上根据勘察阶段及工程类型有所区别。隧道工程评价范围在满足各阶段工程地质调查范围的前提下，还需根据隧址区岩溶水文地质单元综合确定，分级指标以场地岩溶现象、地表点岩溶率为主。路基工程及桥梁工程初步勘察阶段评价范围在满足工程地质调查范围的前提下，还需满足线位比选要求，评价指标以场地岩溶现象、地表点岩溶率为主；详细勘察阶段评价范围为地基受力层影响范围的平面区域，评价指标以钻孔遇洞率、线岩溶率为主。

8.2.2 高速公路改扩建岩溶勘察，应先对收集的既有高速公路岩溶的勘察设计、防治、施工和运维等资料进行综合分析，在利用既有勘察成果的基础上进一步查明下列内容：

1 覆盖层厚度，可溶岩地层的顶底板埋深。
2 岩溶发育程度分级、地基稳定性及处治经验与教训，确定岩溶水富水区。
3 较大岩溶洞穴、土洞、暗河的分布及深度，测定地下水的流向、流速。
4 钻孔内划分地层岩性、含水层厚度，土洞、溶洞位置和充填物的厚度、性质。
5 结合既有高速公路的勘察设计、运维经验，提出改扩建项目勘察方案、防治措施和监测建议。

8.2.3 工程地质调绘应满足下列要求：

1 既有高速公路岩溶的地质调绘，要在充分利用既有高速公路岩溶成果基础上进行，对扩建范围岩性特征、地表岩溶发育特征、岩溶水赋存形式等进行现场验证，并进行综合分析。
2 既有高速公路路堤坡脚线、病害段、地层接触线、可溶岩与非可溶岩界线、断层、褶皱、土洞、岩溶塌陷、溶蚀洼地、漏斗、落水洞、暗河、井及泉等地下水露头、岩溶水的消水位置和洪水痕迹、覆盖层发育的代表性路段等，应布置调绘点。
3 覆盖层发育地带，与路线设置关系密切的隐伏岩溶、土洞等应结合物探、挖探等进行调绘。
4 岩溶中等及以上发育的特长隧道、长隧道应进行专项水文地质调绘，与隧道相邻的溶蚀洼地、漏斗、落水洞等应调绘其汇水面积，估算降雨季节汇入隧道的涌水量；划分含水层，收集泉水流量、动态资料，在隧道进出口及其邻近地带量测隧址沟溪的枯季流量，计算地下水径流模数。

条文说明

《公路工程地质勘察规范》(JTG C20—2011)对工程地质调绘点的密度规定为在图上

每 100mm×100mm 不得少于 4 个,但在实际工作中,应以查明地质条件为准。且工程地质调绘点应布置在各种地质体的边界以及能够说明地质体属性的代表性位置,并综合现场地质条件、地质体距离路线的远近和路线上的工程结构设置情况等,确定调绘点的密度,不应机械地采用等间距布置。

8.2.4 工程地质勘探应满足下列要求:

1 岩溶工程地质勘探应在既有高速公路地质资料及工程地质调绘的基础上进行,采用物探、钻探等手段进行综合勘探。勘探测试点的数量和位置应根据现场地形和地质条件、岩溶发育程度、覆盖层下溶蚀基岩面的起伏变化情况,以及构筑物的类型和规模等综合确定。

2 勘探深度应满足下列要求:

1)构筑物的浅基础:勘探深度应至基底以下完整基岩中不小于 10m,在该深度内遇岩溶洞穴时,应在洞穴底板稳定基岩内再钻进 10m。

2)桩基础:勘探深度应至桩端以下基岩不小于 $3d$(d 为桩径),在该深度内遇岩溶洞穴时,应在洞穴底板稳定基岩内再钻进 $4d$。

3 应分层采取岩土试样,记录钻具自然下落或自然减压,发生异常响声、孔内掉块、钻具跳动,以及冲洗液漏水、涌水、水色突变、冲洗液发生异常变化的位置及起止深度,并统计钻孔遇洞率及线岩溶率。

4 覆盖型岩溶、岩溶中等发育至极强发育地段,宜在试验基础上选择地质雷达、高密度电法、孔间 CT 等物探与钻探相结合的方法进行综合勘探,并应在代表性物探异常点布置钻孔验证。

8.2.5 工程地质测试应满足下列要求:

1 水文地质条件复杂的隧道应进行水文地质动态观测。

2 岩溶地面塌陷严重路段,应收集地面变形、地面塌陷、地表水及地下水等动态变化资料。

3 宜采取代表性岩土试样测试其矿物成分和化学成分,做溶蚀试验。

8.2.6 初步勘察的勘探测试应在既有高速公路旧的可利用勘探孔基础上进行,应满足下列要求:

1 路基勘探:可利用旧路钻孔,根据岩溶发育程度的不同区段布置相应的勘探工程量,岩溶发育简单区段可采用 100~300m 设置 1 个横断面控制,岩溶发育中等地段可采用 50~100m 设置 1 个横断面控制,控制工程应在物探基础上布置钻探工程,每个横断面不少于 2 个钻孔。岩溶区高路堤段应采用物探电法剖面进行控制,对岩溶发育的异常带应布置一定的测深点和少量验证钻孔,必须对钻孔进行地下水位观测。岩溶区深路堑段,三级以上的边坡应布置物探和钻孔相结合的综合剖面进行控制,线距为 50m,孔深应在路基高程以下 2m。

2 涵洞勘探:可利用旧路钻孔,岩溶微~中等发育时,应布置简易勘探点(如挖探),数量宜为1~2个;岩溶强~极强发育时,应沿涵洞轴线布置物探断面,并与钻探结合,进行综合勘探。

3 桥梁勘探:宜沿桥轴线布置纵向物探测线,纵向物探测线的数量不宜少于1条;在纵断面异常的墩、台位置,可布置横向物探测线,主墩、主塔、高墩、桥台部位应布置钻孔,并应满足表8.2.6的要求。

表8.2.6 初步勘察桥位钻孔数量

桥梁类型	岩溶发育程度		
	微发育	中等发育	强发育、极强发育
中桥	2	2~3	3~5
大桥	4	4~7	5~10
特大桥	>5	>7	>10

注:旧路钻孔不建议采用。

8.2.7 详细勘察应充分利用初步勘察资料,在确定的线位和构筑物位置上进行,并应满足下列要求:

1 路基勘探:应对初步勘察物探确定的异常地段和钻孔揭示的岩溶发育地段加密勘探,查明路基影响范围内的溶洞、溶蚀破碎带及土洞等。

2 涵洞勘探:岩溶微~中等发育地段,钻孔数量不应少于1个;岩溶强发育、极强发育地段,钻孔数量不应少于2个。

3 桥梁勘探:钻孔数量应逐墩布置,对于单侧拼宽的,一墩一孔;对于双侧拼宽的,左右侧各一墩一孔。对于岩溶中等发育以上的桥梁,桩位稳定后逐桩钻探。

4 隧道勘探:应结合隧址岩溶发育程度,在初步勘察基础上对勘探点进行加密。

8.2.8 岩溶勘察应提供下列资料:

1 文字说明:应对岩溶勘察要求查明的内容进行说明,对路线及构筑物建设场地的岩溶发育程度进行划分,分析评价工程建设场地的适宜性,提出工程地质建议。

2 图表资料:应对岩溶的形态、分布范围等进行图示和说明。提供1:500~1:2 000工程地质平面图和工程地质断面图,在图上图示溶洞、暗河、土洞、塌陷、岩溶泉点等的分布位置,对岩溶发育程度进行划分;对公路工程有影响的大型岩溶洞穴、暗河等,应根据实测资料编制调查成果图,成图比例尺宜为1:100~1:400,在图上图示测图导线和测图断面的位置,岩溶洞穴的平面和断面分布位置、形态及充填情况,并对地层岩性、地质构造、地下水、节理裂隙的发育情况,顶板岩体的完整性和坍塌、稳定情况等进行说明。

条文说明

广韶高速公路改扩建项目在民乐、棋杆分离式立交桥分布有灰岩,为了查明该桥梁场地岩溶发育情况,采用了高密度电法、跨孔电法等较先进的勘探手段,直接引用了既有高速公路超前地质钻探勘察成果，指导初步设计和施工图设计。这两座桥梁的详细勘察成果，直接利用了既有高速公路桥梁的初步勘察和详细勘察报告，特别是既有高速公路桥梁施工期的超前钻探工程地质勘察报告，并在详细勘察阶段对改扩建桥梁逐墩布置了钻探，勘察成果与既有高速公路桥梁超前钻探地质勘察报告的成果完全吻合。因此，既有高速公路桥梁超前地质钻探的勘察成果完全可用来指导改扩建桥梁初步设计和施工图设计，只需在施工阶段再进行逐桩超前地质钻探即可。

8.3 滑坡

8.3.1 高速公路改扩建滑坡勘察，应先对收集的既有高速公路滑坡的勘察设计、防治、施工和运维资料等进行综合分析，在利用既有成果的基础上进一步查明下列内容：

1 滑坡区的地形地貌、地层岩性、地质构造。
2 滑坡的类型、范围、规模、滑动方向、形态特征及边界条件、滑动带岩土特性，近期变形破坏特征、发展趋势、影响范围及对工程的危害性。
3 场地水文地质特征、地下水类型、埋藏条件、岩土的渗透性，地下水补给、径流和排泄情况、泉水和湿地等的分布。
4 提供滑坡稳定性分析所需的岩土抗剪强度等参数。
5 分析与评价滑坡稳定性、改扩建工程建设适宜性。
6 结合既有高速公路的勘察设计经验，提供改扩建项目滑坡防治工程设计的岩土参数。
7 结合既有高速公路滑坡的防治经验，提出改扩建项目滑坡防治措施和监测建议。

8.3.2 工程地质调绘应符合下列规定：
1 滑坡工程地质调绘的比例尺宜为1∶500～1∶2 000，其范围应包括滑坡及其相邻的稳定区域。
2 滑坡边界、滑坡台阶、滑坡壁、滑坡裂缝等滑坡要素应实测。

8.3.3 滑坡勘探点应沿滑坡的主滑方向布置，主滑断面上的挖探、钻孔数量不宜少于3个。对既有高速公路的勘探孔，应尽量利用。宜选取部分新布置的钻孔，尽量靠近既有高速公路钻孔，以确定既有高速公路建成通车以来，滑坡的发展趋势。

8.3.4 应利用勘探取得的资料，对滑坡的稳定性进行定性和定量分析。定量分析宜采用极限平衡条分法、有限元强度折减法。抗剪强度指标应结合抗剪强度试验、力学指标反算及既有工程经验等综合分析确定。

8.3.5 滑坡勘察应提供下列资料：
1 对规模小、地质条件简单，不需要处治的滑坡，可列表说明其工程地质条件。

2 对规模大、性质复杂的滑坡,应按工点编制工程地质勘察报告:

1)文字说明:对滑坡勘察要求查明的内容进行说明,分析滑坡的稳定性,提出工程地质建议。

2)图表资料:对滑坡分布的范围、分级与分块情况、滑坡要素、地下水等进行图示和说明。提供1:500~1:2 000滑坡工程地质平面图;1:200~1:500滑坡工程地质断面图;1:50~1:200滑坡工程地质钻孔柱状图;1:50~1:200滑坡探坑(井、槽)展示图(如有);土工试验资料;物探曲线图表;水文地质测试资料;滑坡动态观测资料及照片等。

8.4 采空区

8.4.1 高速公路改扩建采空区勘察,应先对收集的既有高速公路采空区的勘察设计、防治、施工和运维资料等进行综合分析,在分析成果的基础上进一步查明下列内容:

1 采空区的范围、层数、埋藏深度、开采时间、开采方式、开采厚度、上覆岩层的特性等。

2 在既有高速公路地表变形数据基础上,查明既有高速公路通车以来的地表变形特征、变化规律、发展趋势,分析采空区对高速公路改扩建工程的危害性。

3 以既有高速公路查明的采空区水文地质资料为基础,进一步查明场地水文地质条件、既有高速公路通车以来采空区附近的抽水和排水情况及其对采空区稳定的影响。

4 结合既有高速公路采空区稳定性评价经验,分析评价采空区稳定性及改扩建工程建设的适宜性。

5 结合既有高速公路采空区勘察设计经验,提供采空区防治工程设计的岩土参数。

6 结合既有高速公路采空区防治经验,提出采空区防治措施和监测建议。

8.4.2 根据开采规模,采空区可分为大面积采空区和小型采空区。小型采空区根据开采目的可进一步分为小煤窑采空区、采砂洞等。

条文说明

在广韶高速公路改扩建路项目中,当线路需要经过大型采空区时,路线方案采取了避让措施,路线经过的采空区多为小型采空区,且对采空区均进行了专项勘察和专项评价,为后续采空区公路设计提供了可靠的地质依据。

8.4.3 根据开采时间,采空区可按表8.4.3进行分类。

表8.4.3 采空区按开采时间分类

分类	定义
老采空区	已停止开采且地表移动变形衰退期已结束的采空区
现采空区	正在开采或虽已停采但地表移动变形仍未结束的采空区
未来采空区	已规划设计,尚未开采的采空区

8.4.4 根据开采深度 H 和采深采厚比 H/M，采空区可按表8.4.4进行分类。

表8.4.4 采空区按开采深度和采深采厚比分类

分类	定义
浅层采空区	$H<50m$；或 $50m<H<200m$，且 $H/M<30$ 的采空区
中层采空区	$50m\leq H<200m$，且 $H/M\geq 30$；或 $200m\leq H<300m$，且 $H/M<60$ 的采空区
深层采空区	$H\geq 300m$；或 $200m\leq H<300m$，且 $H/M\geq 60$ 的采空区

8.4.5 根据矿层的倾角，采空区可按表8.4.5进行分类。

表8.4.5 采空区按矿层倾角分类

分类	定义
缓倾斜采空区	矿层水平或倾角小于15°的采空区
倾斜采空区	矿层倾角介于15°~55°的采空区
急倾斜采空区	矿层倾角大于55°的采空区

8.4.6 根据开采方式，采空区可按表8.4.6进行分类。

表8.4.6 采空区按开采方式分类

分类	定义
长壁式开采采空区	采矿工作面长度在60m以上的采矿方法
短壁式开采采空区	采矿工作面长度在60m以下的采矿方法
房柱式开采采空区	采矿在一较大的空间进行，保留矿柱支撑上覆岩层的一种开采方式
条带式开采采空区	采一条、留一条，以保留矿柱支撑上覆岩层的一种开采方式

8.4.7 根据采空区覆岩的采动影响带，采空区可按表8.4.7进行分类。

表8.4.7 采空区按覆岩采动影响带分类

分类	定义
冒落带	矿层开采引起的上覆围岩(顶板)垮落形成的岩体堆积带
断裂带	冒落带以上由离层裂隙、垂直或近于垂直层面的裂隙构成的裂隙带
弯曲带	断裂带上方直至地表产生弯曲的范围

8.4.8 工程地质调绘及采空区专项调查应满足下列要求：

1 采空区工程地质调绘及专项调查应与路线及沿线构筑物的设置相结合，充分收集地震、地质、采矿资料，调绘及专项调查的范围应包括采空区及其相邻的稳定地段。

2 对收集的地质、采矿等资料，应进行现场核查，对资料不全、可信度差、或没有资料的采空区，应通过走访、地面及井下调查等进行调绘。

3 岩石露头、地层界线、断层、地下水露头、地面塌陷、地表裂缝、采空井巷、采动边坡、矿井(巷道)口、地表变形开裂建筑物、滑坡等部位应布置调绘点,记录和描述采空区地质条件、地表塌陷和地表裂缝的形状、走向、宽度和深度,分析采空区的地表变形范围和程度。

  4 隐伏的地层界线、断层应辅以物探、挖探等进行调绘。
  5 有条件的矿区,应深入井下,对巷道和采空区内部进行测绘,描述巷道断面、支护形式和采空顶板垮落情况。

条文说明

  结合国内常规做法及成熟项目的经验,推荐采用矿区资料收集、遥感解译＋地表网格式调查、沿线村镇访问取证、物探、钻探等方法查明采空区工程地质条件及工程地质特征,辅以变形观测、水文试验等方法。

  资料收集、专项调查及访问作为实物勘探前的重要环节,必须予以重视,可指明采空区勘察方向及勘察重难点,极大提高勘察准确率,减少勘察工作量,节省勘察周期。

8.4.9 工程地质勘探应满足下列要求:
  1 对于大型、正规开采的新采空区或现采空区,应以资料收集和专项调查为主要的勘察方法,当资料收集充分、有效性较好时,可不进行勘探或布设少量物探及钻探。
  2 对于老采空区和非正规开采的采空区,收集资料不充分或不具备收集资料条件时,应侧重于采空区专项调查、物探和钻探。

条文说明

  采空区勘察分两种类型:一是对于大型、正规开采的新采空区或现采空区,应以资料收集和专项调查为主要的勘察方法,当资料收集充分,有效性较好,能充分说明采空区的分布、范围、规模、变形的基本特征和稳定条件时,可不进行勘探或布设少量物探及钻探;二是对于老采空区和非正规开采的采空区,收集资料不充分或不具备收集资料条件时,应侧重于采空区专项调查、物探和钻探。

  总结国内工作经验,在种类繁多的勘察技术中,采矿资料的收集、现场调查及访问是采空区勘察工作的基础,以往的采空区勘察往往忽视这方面的工作或对此重视不够,使物探和钻探工作陷入盲目状态,必须纠正、加大投入予以足够的重视。

  物探是采空区勘探必不可少的一种方法,尽管受地形、地物或物探方法本身的局限性,物探的结论准确性并不高,但工程人员依然对物探有很好的期待。这个期待包含两个方面,一是期待更好的物探方法问世,二是期待物探解译人员有更好的职业水平,因为物探本身不会撒谎,更不会隐瞒。因此,采空区物探,强调两种以上物探方法、钻探验证、二次或多次解译。

  钻探除了孔位的布设、孔数和孔深的要求外,最重要的是单孔的钻探质量,包括两个方面,一是岩芯的采取率;二是岩芯的编录钻探记录。有了好的钻探质量,采空区"三带"的划分是清晰的,采深采厚是明确的。目前,钻探质量不尽如人意,表现在三个方面,一是设备落后,二是钻探技术落后,三是钻探队伍水平有待提高。因此,在采空区的钻探中,要强调每一个钻孔的单孔质量。

8.4.10 工可勘察应满足下列要求:

1 应初步查明公路建设范围内地质条件、矿产分布、采掘及压覆资源情况,定性评价采空区稳定性,论证拟建公路采空区及矿产资源的分布特征及其对公路工程的影响,为路线走廊带地质选线及方案比选提供依据。

2 本阶段应以资料收集、调查与测绘为主,可辅以大比例尺航卫片解译,必要时可进行少量勘探工作(物探为主)。

8.4.11 初步勘察宜达到详细勘察精度,以资料收集、现场调查访问及物探为主。对推荐线路要辅以适当的钻探及孔内测试;对处于地表移动初始期及活跃期的大型采空区场地,要实施地表变形监测。

条文说明

初步勘察应进一步收集地质、采矿资料,基本查明采空区水文地质及工程地质条件、采空区分布及其要素特征,并取样测试采空区破碎岩体及其上覆岩层物理力学参数,分析计算采空区地表已完成的沉陷量及剩余沉陷量,为路线方案比选、评价采空区稳定性、确定采空区处治方案及处治设计提供依据。

考虑到采空区对公路地质选线及工点设计方案的重要性,初步勘察阶段的采空区勘察宜基本达到详细勘察精度,尤其是资料收集、现场调查访问及物探,要做到全覆盖、不留死角;对推荐线路要辅以适当的钻探及孔内测试,对处于地表移动初始期及活跃期的大型采空区场地,要实施地表变形监测。

初步勘察成果要保障路线及构造物设计方案的稳定,以保证进入施工图设计时不会产生大的遗漏,避免大规模调整设计方案。

8.4.12 详细勘察以钻探为主,对局部路线及设计方案调整的路段辅以补充资料收集、调查访问及物探工作。

条文说明

详细勘察在初步勘察基础上,应查明以下内容,定量评价采空区稳定性及其对公路的危害程度,为采空区处治设计、确定施工方法提供依据:

(1)地层岩性及地层结构,采空区上覆岩、土体厚度;
(2)采空区分布、规模、要素特征及其"三带"分布特征;
(3)岩(土)体物理力学指标及构造物地基基础设计参数;
(4)有毒、有害气体的类型、强度等级及分布特征(有隧道时);
(5)采空区充水情况及地下水类型、腐蚀性等。

详细勘察以钻探为主,对局部路线及设计方案调整的路段辅以补充资料收集、调查访问及物探工作。

8.4.13 采空区勘察应提供下列资料:

1 文字说明:前言(项目由来、目的、任务、规范规程、勘察工作综述)、建设工程概况、勘查区的工程地质条件(气象水文、地形地貌、地层岩性、构造与地震、水文地质条件、人类工程活动)、采空区工程地质勘察(资料收集、调查测绘、物探、钻探、测试)、采空区稳定性计算(剩余空隙体积和残余变形量估算、稳定性计算)、采空区稳定性分区及评价、采空区对拟建工程的危害程度评价、采空区治理措施建议、结论及存在问题。

2 图表资料:矿区综合地质柱状图、构造纲要图、采空区分布平面图(1∶2 000～1∶10 000),地表变形及专项调查平面图(1∶500～1∶2 000),采空区勘察工程地质平面图(1∶2 000),纵、横断面图(1∶200～1∶500),采空区钻孔柱状图,采空区采掘工程平面图、井上下对照图等相关矿区资料,采空区物探成果图,采空区孔内测试报告,附表(钻探成果表、岩土试验成果表、采矿情况调查表)。

9 特殊性岩土

9.1 一般规定

9.1.1 高速公路改扩建特殊性岩土勘察除应满足现行《公路工程地质勘察规范》(JTG C20)的要求外,还应满足本手册的要求。

9.1.2 高速公路改扩建工程的特殊性岩土勘察,应收集本地区既有高速公路勘察、设计、施工、运营维护和岩土监测等资料,分析研究既有高速公路特殊性岩土的物理力学特征,结合特殊性岩土病害预防、整治经验,按照勘察设计的阶段要求和改扩建工程设置进行针对性勘察工作。

9.1.3 高速公路改扩建工程特殊性岩土勘察应在综合分析利用既有高速公路工程地质勘察资料的基础上,根据不同勘察阶段和各种特殊性岩土类型,应用遥感、工程地质调绘、物探、钻探、原位测试、井(坑)探等方法,结合室内试验开展综合勘察工作。

9.1.4 特殊性岩土分布区应加强工程地质比选,改扩建方案应尽量选择特殊性岩土危害性影响较小的方案,地质勘察应满足工程处理措施的要求。

9.1.5 工可勘察阶段应以资料收集和工程地质调绘为主,重点复杂路段可辅以少量的勘探手段。

9.1.6 初步勘察阶段应收集和研究工可阶段的成果资料,结合现场地质调绘、勘探和试验,初步查明特殊性岩土的工程地质特征。

9.1.7 详细勘察阶段应详细查明特殊性岩土的类型、成因、分布等特征,分析评价其工程地质条件,提出工程措施建议。

9.1.8 施工及运维阶段,宜对有重大影响的特殊性岩土工点开展长期监测工作,预测岩土病害发展趋势,及时发现和整治特殊性岩土病害,保障运维安全。

9.1.9 根据高速公路改扩建特点,软土、填土可参考本手册进行勘察,其余类型的特殊性岩土按现行《公路工程地质勘察规范》(JTG C20)中新建项目的规定进行勘察。

9.2 软土

9.2.1 呈软塑~流塑状,具有压缩性高、强度低、透水性差、灵敏度高等特点的黏性土宜判定为软土。改扩建路线经过该类软土时,宜按软土进行工程地质勘察。软土鉴别指标见表9.2.1。

表 9.2.1 软土鉴别指标

土类	天然含水率（%）	天然孔隙比	压缩系数（MPa^{-1}）	快剪内摩擦角（°）	十字板剪切强度（kPa）	静力触探锥尖阻力（kPa）
黏性土、有机质土	≥35	≥液限	≥1.0	>0.5	<5	<35	<750
粉质土	≥30		≥0.90	>0.3	<8		

条文说明

公路工程实践表明,很多情况下,土体的天然含水率、天然孔隙比达不到软土的范围,但实际的原位测试强度较低,若按照非软土不进行处理,极易造成路基较严重的不均匀沉降。比如广东粤东某高速公路地基土体里分布着一层已固结的软土层,管桩处理时没有穿透该层,但工后沉降远超容许值,路基不均匀沉降严重,值得重视。

此外,在丘陵区、山区洼地内的饱水黏土,其含水率大、抗剪强度低,若根据物理指标进行软土判别,极易判别为非软土,为后续地基处理方案的合理性带来潜在安全隐患。因此,本手册建议将天然含水率、天然孔隙比等物理指标及原位测试力学指标作为软土鉴别指标,进一步丰富软土判别标准,为合理确定是否为软土提供可靠依据。

9.2.2 可按形成地理环境初步判别软土特征:

1 滨海相、三角洲相的较深厚软土,其面积广、厚度大、孔隙比大,往往夹粉砂薄层,结构疏松。

2 丘陵区、山区的洼地沼泽相浅层软土,其成层情况较不均一,以淤泥质土和软黏土为主,多含有机质及腐木等。

9.2.3 改扩建软基勘察前,应充分收集建设期勘察、设计、施工资料和运营期的养护、运营管理、沉降变形监测、加固处理形式等相关资料,并进行综合分析,了解既有高速公路施工时的地质变化情况。

9.2.4 改扩建软基勘察前,要对既有高速公路软土路段的技术状况、处治经验及病害情况进行全面调查,以评估既有高速公路软土地基工后沉降和稳定状态:

1 调查软土路段既有路基沉降变形、开裂等病害情况,对发生过软基病害的路堤段落,宜进行既有高速公路路基路面几何尺寸、弯沉、承载板测试。

2 调查既有高速公路路基支挡工程地基地质条件、基础形式和使用状况。

3 调查软基路段既有涵洞的地基地质条件、基础形式和使用状况,以及涵身和洞口的墙身错台、底板变形开裂等情况。

4 调查桥台结构及锥坡的基础形式和桥台耳墙、支座的变形及桥下锥坡的开裂、坍塌等使用状况。

条文说明

通过实地踏勘和查阅养护资料,广韶高速公路旧路局部段落存在一定程度的路基不均匀沉降病害(路基纵向、横向裂缝,桥头不均匀沉降、跳车等),总体发育范围不大。查阅旧路勘察资料,软基在冲沟和沟谷低洼地段局部发育。通过初步勘察验证和详细勘察的补充勘察,旧路两侧的软基(过湿土)分布范围明显比旧路勘察资料中的分布范围增加很多。这可能是由于项目沿线浅表的花岗岩残积土遇水易软化,而旧路修建极大改变了旧路两侧水文地质条件,很多地方路段两侧成了新的积水路段。20多年的雨季积水浸泡使得旧路两侧低洼地段形成了新的过湿土。软基勘察建议采用地质调绘、钻探、轻型钻探、背包钻、静力触探、螺纹钻、轻型动力触探、原位测试、室内土工试验等综合勘察手段。旧路的软基分布范围一定要进行验证。

9.2.5 高速公路改扩建工程软土地基工程地质勘察应在综合分析既有高速公路工程地质勘察资料的基础上,重点查明既有高速公路软土处治经验、地基沉降与稳定状态、拓宽改建范围软土地基工程地质条件,分析评价新旧路之间的差异沉降及对既有高速公路沉降和稳定的影响程度。

9.2.6 工程地质调绘应满足下列要求:

1 工程地质调绘应沿既有高速公路两侧带状分布进行,调绘宽度应满足工程方案比选及工程地质条件评价的要求。调绘的比例尺不应小于工程地质图成图的比例尺。

2 既有高速公路及拟改扩建公路场地的调绘点在图上的密度每100mm×100mm不得少于6个,调绘点应设置在公路拼接处、软土的边界、地层接触线、断层、地下水出露点及桥梁、支护工程、填方路基段等部位,地貌单元的边界、河流阶地、山间盆地、山间沟谷地段等应布置调绘点。

3 可能有软土发育的沟谷及低洼地带,应辅以简易勘探手段进行工程地质调绘。

9.2.7 工程地质勘探应满足下列要求:

1 改扩建公路软基工程地质勘探应根据现场公路沿线地形地质条件、改扩建方案、结构物设置、勘探目的和要求,采用简易勘探、钻探、室内试验和原位测试等综合勘探方法。

2 勘探点的布置应满足下列要求：

1）应在已收集的既有高速公路相关地质资料基础上，根据既有地质资料的完整性和可靠性来合理确定勘探工作量，加强测试工作，查明既有高速公路软基物理力学性质变化情况，以及拓宽范围软基地质情况。

2）既有高速公路的勘探点宜布置在既有路堤、路肩和坡脚，宜选用钻探与静力触探、十字板剪切等原位测试相结合的综合勘探。

3）扩建范围的勘探孔宜与既有高速公路勘探孔布设在同一横断面上。

3 勘探深度应满足下列要求：

1）路基、支挡工程及涵洞通道的浅基础，当软土厚度较薄时，勘探深度应穿过软土层至下卧硬层内3~5m；软土厚度较大时，勘探深度应不小于地基压缩层的计算深度或达到地基附加应力与地基土自重应力比为0.10~0.15时所对应的深度，并应超过地基处理深度。

2）桥梁深基础的勘探深度应达桩端或持力层以下8~10m。

4 钻探、取样应满足下列要求：

1）要在既有高速公路路基、路堤及扩建范围路基分别取样进行测试，查清软土固结程度（完全固结、半固结、为固结）。

2）在软土地层中采样，应严格控制钻探回次进尺，严禁扰动或改变试验样品的土体结构及含水状态。

3）取样前应清除孔内残留岩芯，并保持孔壁稳定。

4）采取软土试样的质量以及所使用取土器，应根据工程要求、所需试样的质量等级确定。软土取样应利用薄壁取土器，并采用压入法；极软淤泥宜采用固定活塞式取土器，取土器长度应大于50cm。

5）取土时，取土器的入土深度，严禁大于取土器的有效深度。

6）软土层的取样，视软土的均匀情况，在0~5m深度范围内，宜取3件（组）试样；5m以下，应沿深度每2~3m取一组试样；对于厚度大于5m的均质土层，在该层的上、中、下部各取一组试样。

9.2.8 改扩建软土地区工程地质测试，应根据基础处理方式及设计需求等选择室内试验项目和原位测试方法，并满足下列要求：

1 室内试验项目可按表9.2.8选用。

表9.2.8 软土测试指标

指标	天然地基	排水固结	水泥土桩	刚性桩
天然含水率	√	√	√	√
天然重度	√	√	√	√
颗粒比重	√	√	√	√
天然孔隙比	√	√	√	√

续表9.2.8

指标	天然地基	排水固结	水泥土桩	刚性桩
塑限	√	√	√	√
液限	√	√	√	√
塑性指数	×	×	√	×
液性指数	√	√	√	√
压缩曲线	√	√	√	√
压缩模量	□(√)	□(√)	□(√)	□(√)
压缩指数	□(√)	□(√)	□(√)	□(√)
固结系数	√	√	√	√
渗透系数	√	√	√	√
固结快剪黏聚力	×(√)	√	×(√)	×(√)
固结快剪内摩擦角	×(√)	√	×(√)	×(√)
水、土腐蚀性	×	×	√	√
钢筋腐蚀性	×	×	×	√
酸碱度	×	×	√	×
有机质含量	×	×	√	×

注:"√"表示应测试项目,"□"表示可选项目,"×"表示不测项目,括号内为仅适用于既有路基软土测试指标。

2 改扩建段公路拼接处或与其他构造物相邻的高路堤段,宜取样进行高压固结试验,试验加载等级宜为12.5kPa、25kPa、50kPa、100kPa、200kPa。软土层厚度较大时,宜在该层的上、中、下部分别测定一组完整的软土物理力学指标。

3 对桥头、通道、涵洞、挡土墙、路堤高度大于8m的路段,软塑、流塑的黏性土应测试压缩指标、固结系数和抗剪强度指标等。

4 直接快剪试验宜在先期固结压力下固结后进行直接快剪试验,固结快剪试验的固结应力应大于前期固结应力,最大固结应力应大于软土自重应力与路堤荷载之和。

5 软土地区工程地质测试宜采用静力触探、十字板剪切试验等原位测试方法,查明软土的原位强度,并宜与钻探资料进行对比、验证。对可能影响地基稳定性的软土层,应进行十字板剪切试验。

6 原位测试点作为指标参数对比孔时,应设置于钻探孔周边2m范围以内,且宜先做原位测试,再进行钻探。

9.2.9 初步勘察除满足本手册第6章的要求外,尚应满足下列要求:

1 路基勘探:对于地质条件简单且无软基病害的一般路基、高填和高陡路基,既有高速公路可不布置或少量布置勘探点,扩建公路每公里勘探点不得少于2个。对于软基深厚及营运期软基病害较多的重点段落,应布置横向勘探断面,断面间距200~300m,每个断面上勘探点不少于2个,其中既有高速公路的路肩宜布置1个静力触探或钻探测试点,坡脚处及以外宜采用钻探与静力触探、十字板剪切试验等原位测试的综合勘探。

2 支挡工程勘探:沿支护设计轴线布设勘探横断面,间距为60~100m。每个支挡工程应不少于1个勘探横断面,既有高速公路路基或支挡工程墙址、拓宽改建路基的新建支挡工程墙址等勘探点均不应少于1个。

3 涵洞勘探:既有涵洞通道应沿其轴线及拼接接长范围布设勘探断面,既有涵洞和拼接段勘探点均不应少于1个。

4 桥梁勘探:既有高速公路的两端桥台路肩处宜各布置1个勘探点;改扩建的桥墩处,视地质情况复杂程度隔墩布置勘探点,每座桥可按2~5个勘探点进行布置。

9.2.10 详细勘察除满足本手册第7章的要求外,尚应满足下列要求:

1 路基勘探:对于地质条件简单的一般路基、高填和高陡路基,既有高速公路的每段宜在路肩布置1个静力触探或钻探测试点,扩建公路宜采用钻探与静力触探等原位测试相结合,按每公里3~5个勘探点来控制。对于初步勘察预测可能存在稳定性问题、工后沉降超限的段落,应布置横向勘探断面,断面间距100~200m,每个断面上勘探点不宜少于3个,其中既有高速公路的路肩宜布置1个静力触探或钻探测试点,坡脚处及以外宜采用钻探与静力触探等原位测试相结合的综合勘探。对于软基地质条件极复杂路段,断面间距宜加密至50~100m。

2 支挡工程勘探:沿支护设计轴线布设勘探横断面,间距为30~50m。每个支挡工程应不少于1个勘探横断面,既有高速公路路基或支挡工程墙址、拓宽改建路基的新建支挡工程墙址等勘探点均不应少于1个。

3 涵洞勘探:既有涵洞通道应沿其轴线及拼接接长范围布设勘探断面,既有涵洞和拼接段勘探点均不应少于1个;为双边拼接的,两边拼接范围勘探点均不应少于1个。当既有涵洞通道病害严重,需要拆除重建时,宜按照新建涵洞通道重新布置钻孔。

4 桥梁勘探:既有高速公路的两端桥台应布置1~2个横向勘探断面,每个断面上勘探点不少于2个,且宜与初步勘察勘探孔在同一断面上。改扩建的桥墩处,视地质情况复杂程度逐墩或隔墩布置勘探点。

9.2.11 软土勘察应提供下列资料:

1 文字说明:分析评价原有路堤地基处理路段的软土地基固结度、固结系数、压缩变形指标、抗剪强度增长规律及处治效果,确定原有路基地基处理路段的软土地基固结度和剩余沉降。分析拓宽路基与原有路基之间的软土指标的差异,计算沉降差及稳定性,评价拓宽路基对原有路基稳定和沉降的影响程度,确定新拼接或增建路基软土地基处理措施。

2 图表资料:对软土的水平和垂直分布范围等进行图示和说明。提供工程平面图(1:500~1:2 000)、工程地质纵断面图(既有高速公路及改扩建公路)、工程地质横断面图（1∶200～1∶1 000，示意原始地面线）、钻孔柱状图、原位测试成果图表、土工试验成果图表、水文地质测试资料图表，勘探、试验照片等。

9.3 填土

9.3.1 填土是公路改扩建沿线广泛分布的特殊性岩土之一，应根据其组成物质的成分和堆填的方式，划分为素填土、杂填土、冲（吹）填土和填筑土，见表 9.3.1。

表 9.3.1 填土的分类及特征

填土分类		填土的特征
素填土		堆填或弃置天然土的类型比较单一，不含杂质或只含少量的杂质，根据其主要组成物质，分为素填块石、碎石类土、砂类土、素填粉土或黏性土
杂填土	建筑垃圾杂填土	主要由建筑垃圾组成，土中含有大量的碎砖、瓦砾、混凝土块、墙皮灰渣、陶瓷、玻璃、朽木块等杂物，有机物含量较少
	工业废料杂填土	主要由工业生产的废料、废渣组成，土中含有大量的矿渣、煤矸石、灰煤渣、电石渣等，混有部分天然土
	生活垃圾杂填土	主要由炉灰炭渣、碎骨菜根、残枝断木、塑胶残片、瓷玻碎器、金属残件等生活废弃物组成，夹杂天然土和建筑垃圾，含有机质和未分解的腐殖质较多
冲（吹）填土		利用水力冲刷携带、管道吹扬运送泥砂或矿渣到特定区域或地方堆积形成的填土或弃土。其土质成分随冲填或吹填的不同而变化，土层分布不均，多呈透镜体或扇形、椎体形出现
填筑土		按一定标准控制填料的成分、密度、含水率，经人工分层夯实或机械碾压后达到一定密度或承载力要求，满足稳定条件，作为公路路基等工程结构的压实、夯实填土

9.3.2 对于填土的调查，首先要充分对比分析既有高速公路原始地形图和现有地形图，圈示出填土的空间分布范围，并在现场进行核查，需要时可采取必要的钻探、挖探及监测试验等手段。

9.3.3 对于填土的工程地质勘探，宜满足下列要求：

1 填土的均匀性及密实度宜用触探测定，辅以室内试验。轻型动力触探、标准贯入试验适用于黏性、粉性素填土，静力触探适用于冲填土和黏性素填土，重型动力触探适用于粗粒填土。

2 填土的压缩性、湿陷性可采用室内固结试验、浸水固结试验或载荷试验、浸水载荷试验确定。细颗粒填土可采用室内固结试验，粗颗粒填土可采用现场载荷试验。

3 填土的均匀性，可采用物探的方法进行原位测试，如探地雷达、面波测试、剪切波速测试等。

条文说明

在填土的动力触探试验中,连续动力触探是探测填土均匀性的有效手段,且便于操作,值得推广。

填土的抗剪强度,可以采用原位土体直剪试验。在试验点位置进行试坑开挖,选定试验层位。在试验层位选定后,在该层土体上进行试体加工。试体平面一般呈方形,试体按边长不小于500mm制作,保证剪切面积不小于0.3m²,试件高度以不小于200mm或土体最大粒径的4~8倍为宜。每组试验制作3个试体,试体间距以相互不产生应力影响为宜。

填土的室内试验,当能够取到适合室内试验的土样时,应采取试样进行室内试验。室内试验除一般物理力学性质试验外,还应关注填土的压缩性、湿陷性、膨胀性、抗剪强度、渗透性等物理力学性质。在进行室内试验时,应特别注意填土的特点,不可机械套用天然土的试验方法。

9.3.4 高速公路改扩建填土勘察,要对填土地基的稳定性进行评价。当填土底面的天然坡度大于20%时,应验算其沿坡面的稳定性,并应判定原有斜坡受填土影响引起滑动的可能性。

10 勘察报告

10.1 一般规定

10.1.1 改扩建高速公路的工程地质勘察报告编制前,应先充分分析与利用既有高速公路已有地质资料,再根据工程地质调绘、勘探、测试、遥感等取得的各项勘察成果,在综合分析的基础上编制勘察报告。

10.1.2 改扩建高速公路的工程地质勘察报告,应重点针对公路改扩建项目的特点,按现行《公路工程地质勘察报告编制规程》(T/CECS G:H24)编制,应包括工程地质勘察总说明及工点工程地质勘察报告。

10.1.3 改扩建高速公路工程地质勘察报告的编制,应按不同勘察设计阶段进行编制,应满足相应设计阶段深度要求。勘察报告分为可行性工程地质勘察报告、初步工程地质勘察报告、详细工程地质勘察报告,分别对应可行性研究阶段、初步设计阶段和施工图设计阶段:
 1 可行性工程地质勘察报告的编制内容和图表应反映出控制路线走廊带及控制性重点工程的宏观地质概况,为优选走廊带方案提供地质依据。
 2 初步工程地质勘察报告的编制内容和图表应初步反映各路线方案的工程地质条件、控制性重点工程、影响路线方案的不良地质和特殊性岩土,为公路改扩建方案比选和初步设计文件编制提供工程地质资料。
 3 详细工程地质勘察报告的编制内容和图表应详细阐明路线、构造物的工程地质条件;对不良地质和特殊性岩土进行详细分析、评价,提出处理建议;为各构筑物改扩建拼接方案及施工图设计文件编制提供工程地质资料。

10.1.4 改扩建高速公路工程地质勘察报告中既有的及新增的勘察资料应完整,内容翔实准确、重点突出,有明确的工程针对性,所作的结论依据充分、建议合理。在报告中要体现改扩建影响较大的软土沉降、边坡开挖稳定性、填土稳定性等内容。

条文说明
 编制工程地质勘察报告所依据的各项原始资料在使用前均要进行整理、检查、分析,确认无误后方可使用,工程地质条件评价时需利用既有高速公路成功经验进行工程类比分析。

10.2 工程地质勘察报告基本格式

10.2.1 改扩建高速公路工程地质勘察报告应包括工程地质勘察总说明、工点工程地质勘察报告两部分,均由文字报告、图表及相关附件组成。

10.2.2 工程地质勘察总说明和工点工程地质勘察报告,其主要格式可按现行《公路工程地质勘察报告编制规程》(T/CECS G:H24)执行,并在此基础上,满足下列要求:

1 工程地质勘察总说明中要引入既有高速公路已有地质资料的总结内容,要将既有高速公路地质资料与改扩建勘察资料进行分析对比,分析评价改扩建工程建设的适宜性、不同拼接形式下公路改扩建对既有高速公路的相互作用,提出有效的设计建议等。

2 工点工程地质勘察报告要体现既有工点的特征及健康状况,比对既有高速公路地质资料与改扩建地质资料,分析各病害的地质原因,并结合既有高速公路的勘察设计经验,提供合理的岩土参数建议。

10.3 各阶段工程地质勘察报告

10.3.1 可行性工程地质勘察报告的编制,应满足下列要求:

1 可行性工程地质勘察报告由工程地质勘察总说明、既有高速公路已有地质资料的专项评价报告、图表和相关附件组成。工程地质勘察总说明与既有高速公路已有地质资料的专项评价报告宜融合到一起。

2 对于影响路线方案稳定的不良地质与特殊性岩土,以及控制性工程,宜编制相应的工点报告。

3 勘察报告编制要在对既有高速公路地质资料的综合分析基础上,包含下列内容:

1)地质构造:重点说明区域地质构造、新构造运动、地震动参数等基本地质条件,特别是大型断裂构造对路线走廊、大型构造物的影响。

2)不良地质与特殊性岩土:主要阐明重大不良地质与特殊性岩土类型、性质、分布范围、发育规律及其对公路工程的影响和避开的可能性。

3)控制性工点的工程地质条件:结合走廊带,对大型桥梁与隧道等控制性工程提供工程方案论证、比选所需的岩土参数。

4)路线走廊带的工程地质条件比选:主要通过各走廊带地形地貌、地层岩性、地质构造、不良地质、特殊性岩土、水文地质条件等综合比选,提出推荐路线走廊带。

4 图表比例尺建议如下:

1)路线工程地质平面图,比例尺1:10 000~1:50 000;重要工点工程地质平面图,比例尺1:2 000~1:10 000。

2)路线工程地质纵断面图,水平比例尺1:10 000~1:50 000,垂直比例尺1:1 000~

1∶2 000;重要工点工程地质纵断面图,水平比例尺 1∶2 000～1∶10 000,垂直比例尺 1∶1 000～1∶2 000。

10.3.2 初步工程地质勘察报告的编制,应满足下列要求:

1 初步工程地质勘察报告应按勘察设计合同段进行编制,简称"初勘报告"。

2 初勘报告应由总说明、既有高速公路地质资料评价报告、路基工程、桥涵工程、路线交叉、隧道工程、沿线设施、沿线筑路材料料场及弃土场等勘察成果组成。

3 勘察报告编制要在对既有高速公路地质资料的综合分析基础上,包含以下内容:

1)初步阐明各路线方案沿线地形地貌、地层岩性、地质构造、不良地质、特殊性岩土及水文地质条件等。

2)根据地形地貌等工程地质和水文地质条件进行路线工程地质区段划分,阐明各区段的工程地质特征,并结合不良地质与特殊性岩土特征进行工程地质评价。

3)说明沿线各路段工点的工程地质特征与评价。

4)根据各方案路线的工程地质条件、水文地质条件及不良地质与特殊性岩土发育特征,从地质选线的角度对路线方案进行比选,提出推荐路线方案。

5)对不能绕避的不良地质、特殊性岩土地段,提出处治措施建议。

4 勘察报告编制内容参照本手册第 10.2 节编制。

10.3.3 详细工程地质勘察报告的编制,应满足下列要求:

1 详细工程地质勘察报告应按施工合同段进行编制,简称"详勘报告"。

2 详勘报告应由总说明、既有高速公路地质资料评价报告、路基工程、桥涵工程、立体交叉、隧道工程、沿线设施、沿线筑路材料料场及弃土场等组成。

3 勘察报告编制要在对既有高速公路地质资料的综合分析基础上,包含以下内容:

1)详细阐明沿路线的各构筑物所在的地形地貌、地层岩性、地质构造、不良地质、特殊性岩土及水文地质条件等,特别是对地层的结构和物理力学性质进行全面准确的分析与评价。进一步细化和深化对已确定路线方案及构造物地基工程地质条件的认识。

2)进一步阐明拟建公路沿线不良地质类型、规模、发育特征,并对其稳定性作出定量分析和评价,为施工图设计提供可靠的物理力学指标和设计参数。

3)详细阐明特殊性岩土的类型、工程特性、分布特征与拟建工程的关系,准确分析和评价对工程建设的危害程度。

4)对尚有局部优化比较线位的详勘报告,详细阐明各局部比较线位方案的有利与不利工程地质条件,提出评价比选结论。

5)阐明沿线环境地质条件改变后可能引发的新的工程地质问题及对施工注意事项的说明。

10.4 工程地质图表

10.4.1 路线工程地质平面图、工点工程地质平面图应满足下列要求：

1 工程地质平面图应反映勘察区工程地质、水文地质等建设条件在平面上的变化特征。除常规新建高速公路项目的要求外，应对既有高速公路地质资料进行标示，并在图层颜色上加以区分。

2 高速公路改扩建，既有高速公路原勘察设计的地形图应作为平面图的图表之一放在报告中。

条文说明

由于既有高速公路的建设改变了原始地形地貌，在收集的既有高速公路资料中，原勘察设计的地形图能作为重要的图件，对于确定不良地质、特殊性岩土的赋存范围，勾画地层界线、圈示工程地质分区分段等均有很强的指导作用。

10.4.2 路线工程地质纵断面图应满足下列要求：

1 应反映勘察区工程地质、水文地质等建设条件沿路线轴线在垂向上的变化特征。

2 应包括现状地面线、原始地面线、路线设计线、地层界线、构造线、岩层产状、地层岩性柱状图例、工程地质层界线及层号、液化等级及界线、特殊性岩土的类型及分级符号、层位高程、地下水位线、地层时代、成因类型符号。

3 图上部应表示路线指向，路段所经主要构造物、村镇、河流及公路名称，勘探点类型编号及勘探深度；图下部应反映勘探点及主要地形控制点位置的设计高程、地面高程与里程桩号、路线工程地质条件、分区等。

10.4.3 工点工程地质纵断面图应满足下列要求：

1 应包括现状地面线、原始地面线、路线设计线、地层界线、构造线、岩层产状、地层岩性柱状图例、工程地质层界线及层号、层位高程、地下水位线、地层时代、成因类型符号等。

2 高速公路改扩建为两边拼接时，工点工程地质纵断面图应包括左幅（线）、右幅（线），并重点突出特殊性岩土。

10.4.4 工点工程地质横断面图应满足下列要求：

1 高速公路改扩建工程地质横断面图必须包括现状地面线、原始地面线与路线设计线，原始地面线宜用虚线表示，且横向长度要覆盖既有高速公路及改扩建方案。

2 横断面图中工程地质层界线应根据原始地面线的趋势来进行勾画。

3 应将公路、铁路、水系（江、河、塘）及重要管线等环境敏感点绘制在断面图中。

10.4.5 工程地质柱状图与常规高速公路项目地质柱状图要求相同,应注意既有资料中勘探钻孔的利用情况。

10.5 成果数字化

10.5.1 高速公路改扩建工程地质勘察成果宜做到数字化,路线工程地质条件、各工点的工程地质条件、提供的岩土参数等可做到数字化存储,既有高速公路收集的资料、工程地质调绘、钻探、物探及室内试验成果等,均可做到数字化提交云端平台,方便设计、施工等相关单位以可视化的形式调用地质资料。

10.5.2 勘察成果的数字化,可在系统平台进一步拓展岩土地质三维、岩土 BIM 等应用,为高速公路改扩建工程地质勘察设计信息化提供技术条件。

10.5.3 高速公路改扩建工程地质勘察过程可做到数字化,勘察进度管理、人员管理等,钻探岩芯照片、原位测试数据、调绘成果表等均可数字化上传。

条文说明

10.5.1~10.5.3 网络通信技术、信息技术、移动终端硬件技术的飞速发展,以及岩土地质三维、岩土 BIM 应用在勘察设计领域的深入应用,为公路工程地质勘察设计信息化提供了成熟的技术条件。国内外不少科研院校的专家和学者对工程勘察设计信息化进行了不同程度地理论研究和实践,也有一些单位已完成原始勘探信息采集系统(图 10-1)、内业数据管理及地质三维建模系统的研发,有的已投入生产使用,并产生了实际经济效益。

图 10-1

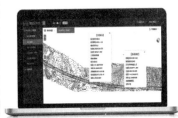

图 10-1　高速公路勘察数据采集系统

（1）"交通智绘"：广东省交通规划设计研究院集团股份有限公司岩土勘察院重点开发的公路工程外导航定点及勘察数据采集系统。"交通智绘"通过将现代电子计算机技术及信息技术融入工程地质调绘及钻孔数据采集过程，形成一套基于"互联网+"的公路工程外业导航定点及勘察数据采集系统，全面改变了传统工作方式，极大提高了效率和质量，促进公路工程地质调绘及钻孔编录信息化、标准化建设，为后续的勘察、设计、施工及营运大数据提供基础数据信息，具有广泛的现实意义和工程应用前景。

（2）"云勘""汇勘"：上海城勘信息科技有限公司研发的勘察数字化管理平台（图 10-2）。

"云勘"是勘察内外业一体化生产管理平台，基于 SaaS 云平台和私有云平台，将目前成熟的互联网技术与勘探测试进行紧密融合，将项目管理、勘察外业、土工试验、内业数据处理等工具进行信息化集成，从而打造了岩土工程勘察全过程工作协同平台。

"汇勘"是以云服务器为载体，空间数据库为基础，历年来工程勘察资料为主要信息来源，以 GIS 技术实现工程地质信息化、可视化的一套 B/S 应用系统。该系统提供的以工程地质数据库为主要内容的地下空间信息已经成为"数字城市"建设的重要内容，为城市基础建设规划、管理提供直观、真实、可靠的工程地质信息服务。

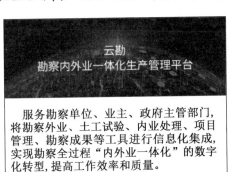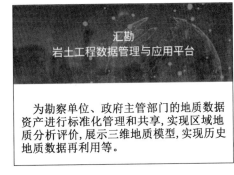

图 10-2　"云勘""汇勘"勘察数字化管理平台